Ute Ehrhardt
**Und jeden Tag
ein bißchen böser**

S. 47

Ute Ehrhardt
**Und jeden Tag
ein bißchen böser**

Wolfgang Krüger Verlag

Alle Zeichnungen im Buch
stammen von Iris Wewer, Wiesbaden

11. Auflage Dezember 1999
© 1996 Wolfgang Krüger Verlag, Frankfurt am Main
Druck und Einband: Clausen & Bosse, Leck
Printed in Germany 1999
ISBN 3-8105-0517-X

Inhalt

Schritt für Schritt ein bißchen böser — 9

Mit Power heraus aus den eigenen Blockaden — 25
Selbstblockiert oder selbstbewußt — 30
Etwas mehr Courage — 39
Sich selbst mögen — 44
Frau, bist du gut! — 47
Die neue Power wird andere erschrecken — 60
Schuldgefühle sind überflüssig — 65

Die Waffen der bösen Mädchen — 73
Ich weiß, was ich will — 73
Sag doch endlich nein! — 81
Verlangen Sie etwas zurück — 85
Ich sag, was ich will — 90
Erfolgreich streiten — 93
Erst streiten, dann verhandeln — 110

Frech und fröhlich zum Ziel — 121
Das macht Lust auf Erfolg — 122
Wieviel Lust auf Erfolg haben Sie? — 124
Rücken Sie Ihre Leistung ins rechte Licht — 131
Wer wagt, gewinnt — 135
Das Tagebuch des Erfolgs — 153
Sei egoistisch, was sonst — 158

Anhang
Test 1 Schon böse genug? — 163
Test 2 Siegen, Lust oder Frust — 184
Über die Autorin — 192

»Ich gehe nicht über Leichen,
aber durchaus über Leichtverletzte.«
Eine Leserin aus Koblenz

Schon böse genug?

Viele Leserinnen werden mein Buch »Gute Mädchen kommen in den Himmel, böse überall hin« kennen. Es hat einiges in Bewegung gebracht.
Auch heute noch erreichen mich täglich Briefe von Frauen, die wissen wollen, wie sie das *Böserwerden* praktisch angehen können. In den Lesungen werde ich immer gefragt, wie sich die Ideen zum Böserwerden in das eigene Leben übertragen lassen.
Das hat mich veranlaßt, gemeinsam mit meinem Mann Wilhelm Johnen ein Handbuch zum »Gute-Mädchen-Buch« zu erarbeiten.
Eine Sorge möchte ich Ihnen schon vorweg nehmen: Eine Kampfhenne sollen Sie nicht werden. Ich möchte Sie unterstützen, eine konfliktfähige, durchsetzungsstarke und lebenslustige Frau zu werden. Mehr nicht – aber auch nicht weniger.
Und ein Hinweis: Viele Menschen lesen in Büchern zuerst den Schluß. Bei diesem Handbuch gibt es einen guten Grund, das zu tun. Im Anhang finden Sie die beiden Tests
Schon böse genug? und
Siegen, Lust oder Frust.
Sie helfen Ihnen herauszufinden, wo Sie im Moment stehen, wieviel Lust Ihnen Bösesein bereitet und wo Ihre Zweifel stecken.
Um eines möchte ich Sie bitten: Geben Sie Ihre Eigenverantwortung nicht am Buchdeckel ab, auch nicht bei diesem Buch: Mancher Rat von mir kann im

Einzelfall für eine bestimmte Frau in einer bestimmten Situation falsch sein. Prüfen Sie, ob und wieweit Sie meinen Vorschlägen folgen wollen.

Wiesbaden, im September 1996

Schritt für Schritt ein bißchen böser

Immer wieder fragten Frauen mich: »Warum steht ›böse‹ im Titel? Was Sie schreiben, ist doch gar nicht böse, sondern normal!« Das sollte es sein. Aber die Frau, die mutig und selbstbewußt fordert, trifft immer wieder auf Menschen, die ihr Tun böse nennen. Sie muß akzeptieren, daß andere sie für böse halten. Tut sie es nicht und läßt sie sich auf die Diskussion ein, ob ihr Tun, gut oder böse, akzeptabel ist oder nicht, wird die Auseinandersetzung sie auf ein Nebengleis führen. Diskutieren sollte diese Frau wirklich nur eines, ihre Forderungen.
Viele Frauen scheuen jedoch davor zurück, Konflikte überhaupt auszutragen. Sie fürchten, ungerecht oder egoistisch zu sein, selbst wenn sie nichts anderes tun, als klar und unmißverständlich die eigene Sache zu vertreten. Nach außen durchaus frech und durchsetzungsfähig, sitzt doch das fügsame Mädchen tief im Inneren. Frauen ergreifen für einen Moment die Initiative, verteidigen ihre Interessen, fechten ihre Belange durch, gewinnen eine Runde. Aber danach fühlen sie sich schuldig und haben ein schlechtes Gewissen.
Was veranlaßt Frauen, nur dann einen Sieg zu genießen, wenn der Verlierer sich mit ihnen freuen würde?
Wie kommen Frauen darauf, ein Nein nur dann gelassen auszusprechen, wenn ihr Gegenüber sich für die Ablehnung auch noch bedankt?
Wie kommt es, daß Frauen für vieles eine Absolution brauchen?

Was läßt Frauen glauben, für das Seelenheil, das Wohlbefinden, die Glücksgefühle anderer zuständig zu sein?
Was veranlaßt sie, immer wieder zurückzustecken?
Wie kommen Frauen darauf, zu glauben, sie würden ihren Teil der Macht geschenkt bekommen?
Was veranlaßt sie, immer wieder zu hoffen, daß ein anderer für sie die Steine aus dem Weg räumt und den bekannten Mantel über die Pfütze wirft, damit sie trockenen Fußes ihr Ziel erreichen?
Brav warten sie ab und wundern sich, wenn nur ein Stehplatz übrigbleibt.
Wer so lange gewartet hat, muß sich nun vordrängen!
Doch *böse sein* erschöpft sich nicht darin, sich vorzudrängen, mehr Biß zu haben oder den eigenen Ärger deutlicher zu zeigen. Im Brennpunkt steht: lebenslustiger werden und mutiger eigene Wege gehen.
Es geht nicht darum, auf Kompromißfähigkeit und Kooperation zu verzichten. Beides sind notwendige Eigenschaften, ohne die ein fröhlich entspanntes Zusammenleben nicht möglich ist. Frauen besitzen diese Fähigkeiten, sie haben sie von der Pike auf gelernt. Jetzt müssen sie loslegen, beides mit gesundem Egoismus und Durchsetzungswillen zu kombinieren.
Sich Zeit nehmen und sich Zeit lassen sind wesentliche Bausteine des Erfolgs. Auch wenn Sie ungeduldig am liebsten sofort alles »besser« machen wollen – zügeln Sie sich. Vorpreschen ist eine gute Eigenschaft, aber nur mit Köpfchen.
Kein Donnerschlag macht aus einer zögerlichen, unsicheren Zweiflerin eine mutige Heldin. Warum auch? Große Sprünge haben einen Nachteil, einmal abgesprungen, ist der Landepunkt unveränderlich. Es hilft nicht, wenn man im Flug erkennt, daß man im Schlamm landet.
Kurzatmige Versuche oder gewagte Sprünge sind nicht

empfehlenswert. Wer glaubt, morgen seinen Partner verlassen, seinen Job kündigen und mit dem Fahrrad eine Weltreise antreten zu müssen, hat viel Wagemut, ist aber höchst unrealistisch. Überstürzte Fluchten sind so schnell zu Ende, wie sie begonnen haben. Nach zwei Tagen, zwei Monaten oder zwei Jahren sitzt die Ausreißerin wieder brav in ihrem Käfig. Sicher ist, nur eine zähe Ochsentour bringt wirklich Veränderung.

Frau muß sich mögen

Ich höre von Frauen oft den Satz: »Ich kann mich selbst nicht ausstehen.« Sie glauben, sich nicht im Griff zu haben. Sie spüren ihre Misere, meinen aber, daran selbst schuld zu sein. Wenn sie schon einmal Mut fassen und selbstbewußt handeln, bereuen sie es gleich darauf.
Frauen beschreiben sich als unsachlich, in Wirklichkeit waren sie betroffen. Sie werfen sich vor, laut geworden zu sein, waren letztlich aber engagiert. Sie fühlen sich zickig, dabei haben sie unbeugsam gehandelt. Sie glauben, launisch zu sein, obwohl sie emotional waren. Sie nennen sich ungerecht, wenn sie auf ihrem Recht bestanden. Sie verdammen sich, unkontrolliert gewesen zu sein, dabei war ihre Aggression konstruktiv.
Yvonne beschuldigt sich: »Ich mache meine Beziehung selbst kaputt mit meinen dauernden Forderungen, ich bin schrecklich ungeduldig mit meinem Kind, ich schaffe es nicht, mit meiner Mutter eine halbe Stunde nett zu plaudern, ich kann mit meinem Vater keine Minute ruhig telefonieren, ich vermag mich bei meinem Chef einfach nicht zurückzuhalten.« Sie ist wütend auf sich selbst, überall eckt sie an.
Frauen glauben, viele Forderungen nur lieb und nett stellen zu dürfen, damit die Beziehung läuft oder sie im

Job zurechtkommen. Das muß ins Auge gehen. Allein mit lieb und nett sein läßt sich wenig durchsetzen. **Jede Frau muß ihren Willen, ihre Kraft und ihre Energie hinter ihre Forderungen stellen.** Sonst sind Niederlagen zwangsläufig. Selbstvorwürfe folgen ihnen. Auch wenn sie ungerechtfertigt sind, der Effekt ist stets gleich: Man kann sich selbst nicht leiden. So dramatisch, wie Yvonne es beschreibt, geht es nicht immer zu, aber der Eindruck, durch Forderungen oder deutlich gezeigten Ärger eine Menge selbst verschuldet zu haben, blockiert die Lebensfreude. Geringe Selbstakzeptanz verhindert, daß Frauen sich mit gutem Gewissen und voller Power durchsetzen.
Die Fähigkeit, in Konflikten zu bestehen – und darum geht es beim Bösesein –, hat dann Erfolg, wenn sie aus einer freundlichen Selbsteinschätzung heraus kommt. Nur so kann man aufhören, verbissen an allem und jedem herumzumäkeln, und anfangen, zufrieden böse zu sein.

Dazu gehört:
- hinzunehmen, daß andere verärgert sind,
- sich Fehler zu verzeihen,
- großmütig mit sich umzugehen,
- *sich selbst immer zu mögen.*

Ganz *un*wichtig ist: Immer von allen gemocht zu werden.

Meine Lesungen beginne ich mit einem Plato-Zitat: »*Ich kenne keinen sicheren Weg zum Erfolg, nur einen zum sicheren Mißerfolg, es jedem recht machen zu wollen.*« Es immer allen recht machen zu wollen ist eine Blockade, die besonders Frauen betrifft. Frauen sehen zu oft nur die Wünsche und Bedürfnisse anderer und denken zu spät an sich selbst.

Sie bleiben mit ihren eigenen Wünschen auf der Strekke. Sie verlieren ihre Ziele aus den Augen. Selbstzweifel sind die Folge. Ein Teufelskreis ist in Gang gesetzt. Ähnlich fahrlässig gehen Frauen mit ihrem Können um, sie setzen es für andere ein und stehen, sobald sie ihre Leistungsfähigkeit für sich selbst benötigen, schnell ohne Kraftreserven da.

Frauen müssen sich stets fragen:
- Handle ich aus eigenem Antrieb, oder tanze ich nach anderer Leute Pfeife?
- Was macht es für mich so wichtig, einem anderen den Vortritt zu lassen?
- Welcher Konfrontation weiche ich aus?
- Gibt es einen kurzfristigen Nutzen, der mich dazu verführt, langfristigen Schaden nicht zur Kenntnis zu nehmen?

Wo verlangen Sie Gegenleistungen?

Frauen neigen dazu, auf Gegenleistungen zu verzichten. Wenn uns die kranke Freundin bittet, ihre Kinder am Nachmittag zu beaufsichtigen, können wir uns nicht vorstellen, ihr zu antworten: »Wenn du nächste Woche wieder auf den Beinen bist, nimmst du aber meine Kinder, ich will schon lange mal wieder allein in Ruhe schwimmen gehen.« Viele glauben, mit Freundschaft hätte das nichts mehr zu tun. Daß wir uns schwarz ärgern könnten, wenn die Freundin ihrerseits eine Gefälligkeit später ablehnt, tut nichts zur Sache.
Vielleicht fallen Ihnen jetzt viele Gründe ein, *keine* Gegenleistung zu fordern. Vielleicht haben Sie das Gefühl, jemand braucht Hilfe und hat einen Anspruch auf Unterstützung, und Sie sind die einzige, die greifbar ist.

Sie glauben, eine Gegenleistung zu fordern, käme einer Erpressung gleich. Oder Sie können sich nur zu gut in die Lage des anderen versetzen. Oder Sie wollen nicht kleinlich sein. Sie können Angst vor einer Auseinandersetzung haben oder sich nicht vorstellen, mit welchen Worten Sie Gegenleistungen einfordern sollen. Sie können die Sorge haben, von anderen gemieden oder gar beschimpft zu werden. Oder Sie denken: »Wir sind doch Freundinnen, man muß auch geben können.«
Keines dieser Argumente ist ein triftiger Grund, auf Gegenleistungen zu verzichten. Fragen Sie immer:
Handle ich in meinem Interesse, bekomme ich auch etwas zurück?

Bitten oder Fordern?

»Wie heißt das Zauberwort?« lautet die übliche Frage, die ein kleines Mädchen zu hören bekommt, nachdem es unmißverständlich und ehrlich forderte: »Ich *will* trinken!« Die Erwachsenen warten auf das duckmäuserische »Bitte«.
Sicher ist, die Kleine *will* etwas, sie möchte nicht lange betteln oder tiefe Bücklinge machen müssen.
Früh beginnt die Erziehung zur Verleugnung eigener Bedürfnisse. Meine Tochter hat, wie andere Kinder auch, eine passende Antwort auf die Frage nach dem Zauberwort gefunden. Ihr Zauberwort heißt: »SOFORT«.
Viele erwachsene Frauen sind diesem braven Bückling noch nicht entkommen. Statt klar und eindeutig zu fordern, bitten und betteln sie. Damit muß jetzt Schluß sein.

*Wenn Sie Lust haben, schon ein bißchen ins Böserwerden einzusteigen, fragen Sie sich:
Hat sich in den letzten 14 Tagen jemand über mich geärgert?
Konnte ich gelassen hinnehmen, daß er oder sie wütend, verletzt oder beleidigt war?
Und fragen Sie:
War ich in den letzten 14 Tagen verärgert oder eingeschnappt? Habe ich das deutlich gezeigt? Hat sich dadurch etwas Wesentliches an der Beziehung verändert?**

Kämpfen bringt's

Es wäre sicher übertrieben zu behaupten, das Gold läge für Frauen auf der Straße, das tut es für niemanden. Aber es ist genauso falsch, sich damit herauszureden, Frauen hätten keine Chance. Das Gegenteil ist der Fall, Frauen haben mehr Chancen als je zuvor. Allerdings wird es eine Menge Energie und Durchhaltevermögen kosten, alle Möglichkeiten auszuschöpfen. Vor kurzem sprach ich mit einer Bibliothekarin im Osten. Sie hatte gegen die angedrohte Schließung ihrer Stadtbücherei heftigen Protest organisiert, Abmahnungen riskiert und gekämpft wie besessen. Heute hat sie ihre Bibliothek gerettet, hat einen ordentlichen Etat und regen Zulauf. Sie goß ihre Erfahrungen in den Satz: »Wenn frau nichts tut, darf frau sich nicht wundern, wenn alles zusammenbricht. Natürlich haben wir es im Osten extrem schwer, deswegen müssen wir eben auch extrem

---

* Die Kreuze kennzeichnen die Teile des Buches, in denen Sie praktische Vorschläge erhalten. Probieren Sie meine Anregungen aus. Böse werden will gelernt sein.

kämpfen.« Letztlich gilt dieser Satz für jede Frau. Ohne Kampf kein Erfolg.
Keine Frage, es ist für eine Frau mit Familie deutlich schwieriger, ihr Fortkommen im Beruf zu organisieren, aber es ist möglich. Eine Ingenieurin mit zwei Kindern nimmt täglich drei Stunden Zugfahrt für ihre Arbeit in Kauf. Sie liest und hört Musik. »Das will ich nicht missen, das ist besser als Kinder hüten.« Heftige Kritik von Eltern und Bekannten blieb nicht aus: »Wofür hast du die Kinder, wenn du sowieso nicht da bist.« Mit dem Etikett Rabenmutter kann sie leben. Sie kommt entspannt am Abend nach Hause und freut sich auf ihre Kinder, auch wenn ihr faktisch wenig Zeit bleibt. Sicher, dieses Lebensmodell ist keine Lösung für jede, aber vielleicht für die eine oder andere.
Leider denkt die Mehrheit der Frauen zurückhaltender, sie zeigen wenig beruflichen Ehrgeiz und wenig Lust auf Risiko, sie verhalten sich passiv.
Wie kommt es zu dieser Trägheit? Warum sehen Frauen so wenig Sinn darin, selbst aktiv zu werden? Wie kommt es, daß Frauen den Wunsch entwickeln, ein anderer möge etwas tun, damit es ihnen bessergehe? »Die Männer sollen auch mal was tun!« ist ein Synonym für diese Einstellung. Die Bereitschaft, selbst aktiv zu werden, ist blockiert.

Wer hofft, das eigene Vorankommen durch das Zutun eines anderen zu erreichen, sitzt auf einem Spielzeugpferd und will gezogen werden. Solche Diener gibt es nur im Märchen.

Vielen Frauen fehlt der Glaube an die eigene Kraft und die eigenen Fähigkeiten. Sie leben mit der Befürchtung: Alles, was ich anfasse, geht daneben. Sie fühlen sich schuldig, wenn Beziehungen auseinandergehen und die Kinder Schwierigkeiten in der Schule haben. Sie glauben, von der Schuld freigesprochen zu werden, wenn sie sich so verhalten, wie andere es gern hätten. Sie werden zum Spielball derer, mit denen sie leben. Nicht sie selbst bestimmen, was richtig oder falsch, in Ordnung oder in Unordnung ist, sondern andere.

Lösen Sie sich von dem, was andere denken. Setzen Sie Ihre eigenen Grenzen, denn: <u>»Wer sich nicht wehrt, endet am Herd.«</u>

Wir werden nicht als brave Mädchen geboren

Viele Frauen können sich an wilde Zeiten in ihrer Jugend erinnern, in denen sie auf Bäume kletterten, heimlich aus Fenstern stiegen, ohne Führerschein Moped oder Auto fuhren, verwegen waren, selbstbewußt, stark und nicht klein zu kriegen. Fast jede Frau kann auf solche Episoden zurückblicken. Wenn sie heute den damaligen Wagemut betrachtet, erkennt sie sich jedoch kaum wieder. Es wird ihr wehmütig ums Herz, besonders, wenn sie sich jetzt übervorsichtig und selbstzweifelnd erlebt. Irgendwann wurde aus der wilden Jugendlichen die zögerliche Erwachsene, die glaubt, keinen wirksamen Einfluß mehr auf ihr Leben nehmen zu können. Es hat nichts damit zu tun, daß sie sich als klein und dumm erlebt, sondern sie glaubt, in vielen Situationen den Lauf der Dinge nicht beeinflussen zu können, fühlt sich hilflos, ist blockiert. Sie hat sich vieles aus der Hand nehmen lassen. Fast unmerklich wuchs eine Barriere.

 Starten Sie mit einer Rückbesinnung in Ihre eigene unruhige Jugend. Holen Sie die Stimmung, die Energie, das Entschlossene in der Phantasie zurück. Erleben Sie in der Rückschau die Abenteuer noch einmal, die Sie bestanden haben. Alte Fotos,

Postkarten, Briefe oder ein Klassentreffen lassen Sie wieder in die alten Stimmungen eintauchen.
Wie lauten die aufmunternden oder anstachelnden Sprüche in der Clique? Was haben Sie sich ganz selbstverständlich zugetraut? Wer hat Sie angetrieben, mutige, wilde, ungewöhnliche Dinge zu tun? Holen Sie mit diesen Fragen die eigene Lust, mutig zu handeln, zu streiten oder auch die Freude zu gewinnen, zurück.

Eine vornehme ältere Dame erinnerte sich in einer Lesung, daß ein Onkel ihr fünf Pfennige geschenkt hat für jeden Fluch, den sie wagte auszusprechen. Ein verschmitztes Lächeln zog über ihr Gesicht bei dieser Erinnerung. Ihr hat diese Episode später immer geholfen, zu fluchen, wenn sie ärgerlich war.
Wenn Ihre Jugend, in der Sie kaum oder gar nicht blockiert waren, wieder lebendig ist, forschen Sie, wann und wie der Zweifel an den eigenen Fähigkeiten eingesetzt hat. Etwa in dem Sinne: »Früher habe ich mich selbst mit meiner besten Freundin lauthals gestritten, heute gibt es höchstens noch ein lautes (aber nutzloses) Wortgeplänkel mit meinem Partner.« »Früher bin ich draufgängerisch Motorrad gefahren, heute lasse ich lieber jemand anderen Auto fahren, weil ich unsicher bin.« »Je älter ich werde, desto unbeholfener fühle ich mich.«
Vielleicht erinnern Sie sich an Kommentare von Freunden, Ehemännern oder Eltern, die Ihnen das Vertrauen nahmen, Dinge selbst regeln zu können. Manchmal reichen mißbilligende Blicke oder verächtliche Kommentare aus, um ein junges Mädchen zum Aufgeben zu bringen, nachdem es sich mutig durchgerungen hatte, eine ungewöhnliche Aufgabe anzupacken.
Frauen werden Mut und Ehrgeiz aberzogen. Schon ein

schiefer Blick kann genügen, die Lust, gegen den Strom zu schwimmen, verlöschen zu lassen. Das ist verständlich, denn gegen den Strom zu schwimmen strengt an und kann, geht einem die Puste aus, sogar gefährlich werden. Da bedarf es der Anleitung, der Ermutigung, der Unterstützung und der Übung. Die Verführung aufzugeben, sich bequem zurückzulehnen, ist groß.

Schluß mit brav

Knüpfen Sie an die Zeit vor den Zweifeln an, an die Empfindungen von Kraft und die Lust am Abenteuer.
Chris, eine Lehrerin, spürte soviel inneren Groll über die eigene Sanftmut, daß sie entschied: »Schluß mit Bravsein!« Den Ansporn, sich zu verändern, gab eine Szene in einer Konferenz. Wieder einmal war sie mit einem Vorschlag gescheitert. Sie wollte den Schülern die Möglichkeit geben, ihren Aufenthaltsraum selbst einzurichten. Die Kollegen prophezeiten Chaos und Dreck, redeten auf sie ein, bis sie ihren Vorschlag zurückzog. Sie schwieg, aber in ihr kochte es, sie wurde wütend auf sich selbst. Viele Szenen ähnlicher »Schafsgeduld« schossen ihr wieder durch den Kopf. In den letzten Jahren hatte sie sich immer häufiger über ihre Nachgiebigkeit geärgert: Sie kuschte viel zu oft, hielt mit ihrer Meinung besonders bei älteren Kollegen hinter dem Berg. Zwar war sie ärgerlich, wenn Kollegen die Schüler als faul oder destruktiv verunglimpften, aber sie wagte nicht, für sie in die Bresche zu springen. Als Vertrauenslehrerin hatte sie sich vorgenommen, für die Schüler zu streiten, doch sie erreichte wenig.
Das war nicht immer so. Chris erinnerte sich an Zeiten, in denen sie sich für ihre Ideen tatkräftig eingesetzt hatte.

Wie lange war es her, daß sie eigensinnig und unnachgiebig ihre Ideale durchgesetzt hatte? Wo war die lebenslustige, kämpferische Chris geblieben? Was ließ sie heute an dieser Stelle so sanft und gnädig sein?
Von diesem Tag an begann sie, penibel zu registrieren, wann und wo sie brav war und sich darüber ärgerte. Und sie holte sich die Erinnerungen zurück. Streiche, die sie in der Mädchenclique ausgeheckt hatten (einen Bach gestaut, im Stehen schlafende Kühe auf der Weide umgeschubst, der Orgel die Luft abgeklemmt), an verbotene nächtliche Ausflüge (in eine Scheune zu den Jungs, mit Fahrrädern an einen Badesee, in die verbotene Disco). »Das bist du!« war ihr Satz, den sie wie eine Beschwörungsformel immer wieder einschob, als sie mir von ihren »Missetaten« berichtete.
Chris schöpfte Kraft aus diesen Erinnerungen. Sie spürte, daß diese stille, zurückhaltende Frau, die sie heute verkörperte, nicht alles war, was in ihr steckte. »Wenn ich mich damals traute, warum nicht heute?« Die Balgereien mit den Freundinnen, das Gefühl, nach einer kleinen Rangelei fröhlich erschöpft im Gras zu liegen, wurde wieder lebendig. Sie spürte regelrecht das Wohlgefühl, das die eigene Kraft ihr bereitet hatte. Etwas verlegen fiel ihr ein: »Ich war diejenige, die oft oben saß, die Arme der Freundin gegen den Boden drückte, weil ich stärker war.« Besonders stolz war sie auf ihre Zivilcourage. Mit vierzehn war sie wutentbrannt zum Schuldirektor gelaufen und hatte sich vehement für eine Freundin eingesetzt, die von der Schule fliegen sollte.
Chris war elektrisiert von der Erwartung, solche Gefühle wieder zurückzuholen. Sie wurde Mitglied in einem Judoverein und stellte erleichtert fest, daß sie nicht die einzige »fast Großmutter« war, die Spaß am »Raufen« verspürte. Das Gefühl von Kraft, von Zupackenkönnen, die Erfahrung, mit einer geschickten Drehung jeman-

den zu Fall zu bringen, spornten sie an, auch im realen Leben beherzt zuzupacken.
Das Kollegium reagierte etwas verstört, als Chris erneut forderte, den Schülern zu erlauben, den Aufenthaltsraum selbst mit Möbeln zu bestücken. Es kam sehr selten vor, daß ein abgelehnter Antrag zum zweiten Mal vorgebracht wurde. Doch Chris fand jetzt das schlagende Argument und vertrat es mit vollem Elan: »Wollen Sie, daß unsere Schüler an Straßenecken stehen und Opfer dubioser Dealer werden?« Sie sah ihre Schüler nicht wirklich gefährdet, aber für die Schwarzweißdenker war es ein schwer zu entkräftendes Argument, das Chris jetzt ausreizte. Sie hatte ihre »alte Kämpferseele« wiedergefunden und setzte ihre Vorstellungen weitgehend durch. »Ich hätte nie erwartet, daß es so einfach sein würde!«

Alte Kräfte wecken

Es ist für jede Frau wichtig zurückzuschauen, ob sie früher mutiger, tatkräftiger oder zupackender war als heute. Denn es ist einfach leichter, wenn man sich sagen kann: »Los, auf, ich habe das alles schon gekonnt, gemacht, getan. Jetzt steige ich wieder ein! Was ich als junges, unerfahrenes Mädchen konnte, werde ich als erwachsene Frau viel souveräner können. Keine faulen Ausreden mehr.«
Ich kenne aber auch Beispiele, in denen Frauen, die ihr Leben lang scheu, schüchtern oder hilflos waren und sich stets auf andere angewiesen fühlten, im Laufe von ein, zwei Jahren langsam von der Hypothek loskamen, immer und überall Zustimmung und Harmonie zu suchen.

Gabriele war eine »behütete Null«, wie sie es selbst nannte. Beim besten Willen fand sie keine unruhige oder gar wilde Vergangenheit, alles war beschaulich verlaufen. Sie hatte einen Cousin geheiratet, den sie »schon ewig kannte«, und zwei Kinder bekommen. Den Startschuß zur Veränderung gab der Ärger über ihren Mann. Der entschied wieder einmal, wieviel Geld für den Urlaub ausgegeben werden sollte, ohne auf ihre Einwände einzugehen. Sie ärgerte sich jedesmal über seine »Großzügigkeit«, weil sie wußte, jede zuviel ausgegebene Mark würde über Monate das Haushaltsgeld kürzen. Bisher hatte sie geschwiegen. Sie hielt sich für friedliebend. Die Furcht vor einem handfesten Krach hielt sie zurück. Gabriele wußte, ohne großen Willen zum Widerstand konnte sie diese Konfrontation nicht gewinnen, weil ihr Mann ein »zäher Brocken« war. Als Betriebsleiter einer landwirtschaftlichen Genossenschaft war Durchsetzen sein tägliches Geschäft. Was Gabriele half, war ihr Satz: »Ich habe mich noch nie im Leben durchgesetzt, also kann ich gar nicht wissen, ob ich es kann oder nicht. Ich entscheide, daß wir genau 4000 DM für den Urlaub ausgeben und keinen Pfennig mehr.«

Für ihren Mann fand sie ein überzeugendes Bild: »Du wirst mich genauso wenig bewegen wie den Bullen, der sich vor zwei Monaten den Ring aus der Nase gerissen hat.« Der nämlich hatte ihrem Mann erheblichen Ärger bereitet. Ihr Mann saß betreten da. Argumente besaß er keine mehr. Was hätte er darauf auch antworten können?

Auch bei anderen Frauen ohne mutige Vergangenheit habe ich mich gefragt, woher sie ihre Ideen und ihre Energie nahmen. Doch aus versteckten Reserven fanden sie die Kraft, Tauchkurse zu belegen, den Motorradführerschein zu machen und ein Motorrad zu kaufen, sie haben reiten gelernt oder in einer Laienspielgruppe mitgearbeitet.

Marie begann im Tauchkurs »wie ein erwachsener Mensch« mit Ängsten umzugehen: »Als ich meine Angst überwand, erlebte ich phantastische Abenteuer. Ich schwamm zwischen kleinen Haien und großen Rochen. Der Tauchlehrer mußte mich ab und zu an die Hand nehmen oder sogar mit mir auftauchen, aber ich habe immer wieder meine Scheu überwunden.« Die Veränderungen waren beeindruckend. Marie litt vorher an einem ganzen Bündel von Ängsten: vor Dunkelheit, davor, allein im Haus zu sein, ganz zu schweigen von Streit und Auseinandersetzung. »Die Angst spüre ich immer noch, aber ich weiß sie jetzt zu bändigen.« Und Marie wurde aufmüpfig, sie setzte ihren Mann vor die Tür. Sie war »endgültig bedient«, nachdem er seinen gut bezahlten Managerposten aufgegeben hatte und in einen defizitären Weinhandel umgestiegen war. Da sie selbst beruflich stark eingebunden war, wollte sie absolut nichts mit dieser »Scheinaktivität« zu tun haben. Sie zog einen Schlußstrich nach »fünf schönen und fünf häßlichen Jahren«.

Maren, eine zarte und fürsorgliche Frau, lebte schon lange mit ihrem Freund und ihrer halbseitig gelähmten Mutter zusammen. Beide hatten ein warmes und inniges Verhältnis zu ihr. Bisher hatten sie die Mutter, wenn sie in Urlaub fuhren, zu einer Schwester gebracht. Maren war aber jedesmal »stinkig« auf die Schwester, weil es der Mutter »schlechtging, sie ganz verdreht war«, wenn sie zurückkam. Die Schwester verlangte Dinge von der alten Frau, die diese nicht mehr leisten konnte. Immer wieder kam es zu Streit. Maren brach den Kontakt zur Schwester ab: »Da nehme ich meine Mutter lieber selbst mit in Urlaub.« Das tat sie: »Unterm Strich habe ich deutlich gewonnen. Besser, wir tragen meine Mutter ins Flugzeug, als sie wochenlang wieder aufpäppeln zu müssen. Und diese unnützen Streitereien sind ein für allemal vorbei.« Maren hatte große Sorgen, ob ihre Mutter solche Belastungen durchstehen würde, doch der Mut, mit der Schwester zu brechen, gab den Anstoß, ungewöhnliche Lösungen zu suchen. Ohne den Streit hätte sie nie gewagt, »böse genug zu sein, der Mutter die zweite Tochter zu nehmen« und ihr die Strapazen eines Fluges zuzumuten. Nach der ersten Reise war Maren verblüfft, welche Lebensfreude und Energie ihre Mutter gewonnen hatte.

Die Frauen in diesen Beispielen befolgten, ohne sich dessen bewußt zu sein, die richtigen Regeln:
- Sie nahmen ihre Unzufriedenheit ernst.
- Sie stellten sich das Gefühl vor, das sie haben wollten.
- Sie entschieden klar: »Es muß etwas geschehen.«
- Sie akzeptierten: »Ich selbst muß handeln.«
- Sie setzten sich überschaubare Ziele.
- Sie legten bei Rückschlägen Pausen ein und tankten auf.
- Sie suchten Rückendeckung und Gleichgesinnte.

Mit Power heraus
aus den eigenen Blockaden

Frauen müssen gerade dort auf Blockaden achten, wo es scheinbar um Kleinigkeiten geht: Wie oft schweigen sie, wenn ein geschmackloser Witz unter die Gürtellinie geht. Sie geben sich tolerant, obwohl der Ärger nagt. Sie halten ihr Schweigen sogar für Höflichkeit. Sie sehen in ihrer Zurückhaltung eine schlechte Angewohnheit, von der sie sich jederzeit wieder verabschieden könnten. Sie vergessen, wieviel Mut es kosten würde, ärgerlich zu werden und dem Erzähler zu zeigen, daß sie ihn für minderbemittelt halten. Sie glauben, es wäre vernünftig, nicht zu widersprechen, wenn der Vorgesetzte einen Vorschlag präsentiert, von dem sie wissen, daß er scheitern wird. Bestimmt sie der Respekt vor dem Chef? Wollen sie sich nicht in die Nesseln setzen? Oder sind sie doch eher von der Angst geleitet, durch eigenes Profil Angriffsflächen zu bieten, ernstgenommen und dann auch gefordert zu werden?

Sabine hört den Vorschlag ihres Vorgesetzten, einen bestimmten Mitarbeiter zum Verkaufsleiter zu machen. Sie hat große Bedenken gegen diesen Vorschlag, denn sie weiß aus vielen Gesprächen mit Außendienstlern, daß dieser Mitarbeiter von Kollegen als inkompetent und unkollegial beschrieben wird. Sie weiß, keiner wird ihm eine Chance geben, er wird auf eine Mauer von Hindernissen prallen. Trotzdem schweigt sie. Sie fürchtet, ihre Befugnisse zu überschreiten, wenn sie sich in Personalfragen einmischt. Sie findet, es sei schließlich

nicht so wichtig, wer Verkaufsleiter ist, die Außendienstmitarbeiter sehen ihn sowieso nur selten.
Ihre Einstellung ändert Sabine erst, nachdem sie merkt, daß das Thema ihr keine Ruhe läßt. Für gewöhnlich redet sie nicht so viel über die Arbeit. Sie berichtet ihrer Freundin und ihrem Mann darüber. Sie gesteht sich ein, daß die Folgen einer Fehlbesetzung schwerwiegend in das Betriebsklima und den Arbeitsablauf eingreifen werden. Sie entscheidet, mit ihrem Chef ein Gespräch unter vier Augen zu führen. Der Chef bittet sie daraufhin, einen Vorschlag zu machen, und versetzt Sabine so einen gehörigen Schreck. Gleich auch eine Lösung finden zu müssen, damit hatte sie nicht gerechnet. Aber sie fängt sich, bittet um einen Tag Bedenkzeit und schlägt am nächsten Tag einen älteren Außendienstler vor, der von allen respektiert wird. »Darauf wäre ich nicht gekommen«, gestand ihr der Vorgesetzte und nahm ihren Vorschlag an.
Forschen Sie gründlich nach den alltäglichen Situationen, in denen Sie blockiert sind: Irene war blockiert, wenn jemand ärgerlich oder laut mit ihr sprach, sie wagte nicht zu widersprechen. Cati vergaß alle Kritik, wenn jemand, den sie mochte, die Augen ärgerlich zusammenzog. Ilona wurde sprachlos, wenn jemand sie mit langen, verschachtelten Ausführungen belehrte. Maxi fand keine kritischen Worte mehr, wenn sie angestrahlt wurde.

Falsche Bescheidenheit

Bärbel kam in Konflikte mit ihrer Mir-ist-alles-recht-Haltung. Sobald sie zwischen zwei Sachen entscheiden sollte, die ihr Mann als Wochenendspaß vorschlug – »Fahren wir mit dem Paddelboot oder besuchen wir

Gerd und Brigitte?« –, war Bärbels Antwort: »Mir ist alles recht, mach, wie du denkst, Hauptsache wir unternehmen etwas gemeinsam und alle haben Spaß.« Sie glaubte, sich mit allem arrangieren zu können, während die anderen in der Familie leicht grantig wurden, wenn sie nicht bekamen, was sie wollten. Eigentlich langweilte sie sich bei Brigitte und Gerd, sie hatte eher Lust zum Paddelbootfahren. Ihr Mann entschied dann aber: »Wir fahren zu den Freunden.« Schon auf dem Weg bekam Bärbel Kopfweh und beklagte sich über seinen Fahrstil. Daß sie keine Lust hatte, erkannte sie nicht. Erst Tage später kam ihr die Erkenntnis: »Ich wollte niemanden besuchen, lieber hätte ich mit meinem Mann allein etwas unternommen.«

Viele Frauen glauben, solche Probleme nicht zu haben. Sie sehen die eigenen Interessen stets gewahrt.
Verschaffen Sie sich Klarheit: Wer entscheidet in Ihrer Partnerschaft über den Wochenendausflug? Wer bestimmt, wieviel Geld ausgegeben wird für Hobby oder Kinderkleidung? Wer sucht den neuen Fernseher aus, wer entscheidet, welches Programm läuft?
Auch wenn Sie glauben, das Sagen zu haben, wenden Sie sich nicht vorschnell von diesem Thema ab. Ich habe bis jetzt nahezu keine Frau erlebt, die nicht in gewissem Maß bei Entscheidungen ein mehr oder weniger deutliches Ohnmachtsgefühl überwinden mußte. Die Sorge, etwas falsch zu machen, beschäftigte sie letztlich zu stark.

Entscheide du!

Nicht wenige Menschen, leider in der Mehrzahl Frauen, haben ihre Blockade hinter der folgenden, scheinbar genialen Tarnung verborgen: Sie warten darauf, daß andere entscheiden, sie hoffen, so jeder Anfeindung, jedem Scheitern, jedem Kampf entkommen zu können.
»Was denkst *du* soll ich tun?«
»Ist das richtig so?«
»Siehst *du* das auch so?«
Diese Fragen können im Prinzip richtig sein. Die Meinung anderer einzuholen ist oft sinnvoll, Aspekte, die man nicht bedacht hatte, können sichtbar, Bewertungen anders werden. Wenn jemand nach einem Vorschlag aber sofort, ohne nachzudenken, die Ideen und Wertungen des oder der anderen übernimmt, dann ist er oder sie an dieser Stelle letztlich blockiert, möglicherweise ohne es zu wissen.

 Sind Sie nachdenklich geworden bei diesen Sätzen? Nehmen Sie es als einen Hinweis, gründlicher hinzuschauen.
- *Wie liefen Entscheidungsprozesse in der Vergangenheit bei Ihnen ab?*
- *Haben Sie letztlich andere entscheiden lassen?*
- *Welche Gefühle haben Sie vor schwierigen Entscheidungen bestimmt?*

Ich habe eine Frau kennengelernt, bei der die Freundin letztlich entschieden hat, mit welchem Mann sie ausging. Bei einer alleinlebenden Buchhalterin bestimmte ein Bekannter indirekt nahezu alle Lebensbereiche: »Er weiß soviel, hat gute Ideen, ich kann ihn immer fragen!« Er entschied schließlich, welchen Wagen sie kaufte, wohin sie in Urlaub fuhr, wie sie sich kleidete und welcher Freizeitsport zu ihr paßte.

Aber auch das krasse Gegenteil habe ich erlebt. Ein Mädchen verknackst sich den Fuß, im Krankenhaus wird der Verdacht auf Bänderriß diagnostiziert. Eine »gehaltene« Röntgenaufnahme (dabei wird der Fuß gedehnt) soll Gewißheit bringen: Operation ja oder nein? Die Mutter wußte, wie schmerzhaft die Aufnahme sein würde, und verbot dieses diagnostische Mittel. Der Fuß wurde lediglich ruhiggestellt. Die Ärzte im Krankenhaus bedrängten sie: »Sie werden Ihrem Kind schweren Schaden zufügen, wenn Sie diese Diagnose nicht zulassen, das ist unverantwortlich!« Sie wollten Mutter und Tochter nur »auf eigenes Risiko« gehen lassen. Die Mutter konterte: »Auf wessen Risiko denn sonst?« Aufgeregt, aber im Gefühl, das Richtige zu tun, verließ sie mit der Tochter das Krankenhaus. Am nächsten Tag konsultierte sie einen weiteren Spezialisten. Er tastete den verletzten Fuß ab und befragte die Tochter noch einmal genau nach dem Hergang der Verletzung. Er hielt die schmerzhafte Diagnoseaufnahme und eine Operation für unnötig. Die Entscheidung der Mutter, auf ihre eigene Meinung zu vertrauen, erwies sich als richtig. Die Verletzung heilte nach Gips und Schonzeit ohne Komplikationen aus.

 So erkennen Sie Blockaden:
Die folgenden Sätze sind Warnsignale!
- *»Ich weiß nicht, was ich machen soll!«*
- *»Ich kann das doch nicht ändern!«*
- *»Das kann ich nicht!«*
- *»Dazu brauche ich Hilfe!«*
- *»Wenn es schiefgeht, bin ich schuld!«*
Diese Aussagen lassen Sie passiv werden und resignieren. Kommen solche Sätze häufiger über Ihre

Lippen, oder denken Sie ähnliches, drohen Selbstblockaden.
Immer wenn Sie keine befriedigende Antwort auf die Frage: »Wie soll ich das Problem lösen?« haben, ist Selbstblockade das Thema. Denn die meisten Probleme verschärfen sich durch Warten. Daß Politiker Probleme angeblich »aussitzen«, ist eine Verschleierung.

Selbstblockiert oder selbstbewußt

Mit folgendem Test finden Sie heraus, ob Sie Gefahr laufen, in Selbstblockaden steckenzubleiben.
Tragen Sie bitte die Zahl ein, die am ehesten auf Sie zutrifft. Denken Sie beim Eintragen nicht lange nach. Oft sind die spontanen Reaktionen besonders aussagekräftig.

Stimmt gar nicht = 1
Stimmt selten = 2
Halbe-halbe = 3
Stimmt häufiger = 4
Stimmt fast immer = 5

Ich fühle mich vielen Situationen im Beruf nicht wirklich gewachsen.   4

Ich fühle mich in vielen Situationen im familiären Bereich überfordert.   4

Bei Auseinandersetzungen kommen mir schnell die Tränen, und ich weiß nicht mehr, was ich sagen soll.   4

»Reden ist Silber, Schweigen ist Gold«, das ist meine Devise bei Streit und Auseinandersetzungen. _2_

In handwerklichen Dingen bin ich völlig unbegabt. _2_

Bei vielen Fragen, die meine Bekannten diskutieren, kann ich kaum mitreden. _3_

Mein Partner ist mir intellektuell überlegen. _4_

Es gibt vieles, was mir früher leicht von der Hand ging, aber heute irgendwie nicht mehr klappt. _5_

Von einer Sache, über die ich nicht richtig Bescheid weiß, lasse ich die Finger. _5_

Wenn ich in einem Gespräch vom Thema nicht sehr viel Ahnung habe, halte ich mich lieber zurück. _5_

Mit neuen Dingen beschäftige ich mich eher ungern. _3_

Es gibt nur wenige Dinge, die ich richtig gut beherrsche. _5_

Summe _46_

Sie können zwischen 12 und 60 Punkte erreichen. Wenn Ihre Punktzahl unter 30 liegt, ist Ihr Denken wahrscheinlich seltener von Selbstblockaden betroffen, liegt Ihr Wert über 42, ist es wahrscheinlich, daß Sie häufiger Ihr Denken blockieren.

Haben Sie bei einer Frage 3 oder mehr eingetragen, sollten Sie genau festhalten, welchen konkreten Aufgaben, welchen Situationen Sie sich nicht gewachsen fühlen.

Wenn Sie einen ersten Anstoß haben wollen, wie der Abschied von diesen Blockaden beginnen könnte, hier einige Stichworte:

Wenn Sie sich Situationen im Beruf nicht gewachsen fühlen:

Der Ausstieg aus Blockaden beginnt, indem Sie faktische Sachkenntnis von zwischenmenschlichen Fähigkeiten trennen. Überlegen Sie sich, wie Sie fehlende Sachkenntnisse erwerben können. Fragen Sie sich: »Was bin *ich* bereit zu tun, damit die Zusammenarbeit verbessert wird?«

Wenn Sie Belastungen im familiären Umfeld erleben:

Prüfen Sie genau: Was konkret überfordert mich? Es könnte sein, daß Sie sich für zu viele Dinge verantwortlich fühlen. Überlegen Sie, welche Verantwortung Sie teilen oder abgeben können. Denken Sie auch an Nachbarn oder Freunde, oder zahlen Sie für Hilfe (Kinderbetreuung, Altenpflege etc.). Denken Sie auch an die Selbstverantwortung der anderen: Jugendliche müssen lernen, selbst Verantwortung zu übernehmen. Erwachsene Kinder sind für sich selbst verantwortlich. Ihr Partner braucht sicher kein Kindermädchen.

Wenn Ihnen bei Auseinandersetzungen schnell die Tränen kommen:

Lassen Sie sich nicht irritieren, sagen Sie auch unter Tränen, was Sie sagen wollen. Auch mit feuchten Augen kann man nein sagen und Forderungen stellen. Tränen sind ein Zeichen, daß Ihnen etwas wichtig ist, und kein Grund, sich zu schämen.

Wenn Sie glauben, Schweigen könnte bei Auseinandersetzungen helfen:

Dann irren Sie: Reden ist Silber, Schweigen Gold, und Streiten ist Platin.

Wenn Sie sich handwerklich unbegabt fühlen:
Niemand hat zwei linke Hände. Und jeder erwirbt Fertigkeiten nur durch Übung. Holen Sie sich ein größeres Stück Holz, eine Kiste Nägel und einen Hammer. Schlagen Sie Nägel ins Holz, nehmen Sie kleinere Blessuren als Ehrenzeichen.
Wenn Sie das Gefühl haben, kaum mitreden zu können:
Wenn Sie das Thema interessiert, lassen Sie sich erklären, was Sie nicht verstanden haben. Fragen Sie nach. Sie müssen nicht alles sofort begreifen. Wenn es Sie *nicht* interessiert, dann wechseln Sie das Thema oder die Gesprächspartner.
Wenn Sie sich Ihrem Partner intellektuell unterlegen fühlen:
Holen Sie ihn vom Sockel. Stellen Sie sich nicht dümmer als Sie sind.
Wenn Sie glauben, früher vieles besser gekonnt zu haben:
Für gewöhnlich nimmt man im Leben an Erfahrung und Geschick zu. Gehen Sie davon aus, daß Sie das, was Sie früher konnten, heute besser können.
Wenn Sie von allem die Finger lassen, worüber Sie nicht richtig Bescheid wissen:
Ihre Zurückhaltung ist unangebracht und schädlich. Es zählt, wohin Sie kommen, nicht, wo Sie starten.
Wenn Sie vor neuen Dingen flüchten:
Nur wer sich mit Neuem befaßt, entwickelt sich, die anderen werden langweilig.
Wenn Sie glauben, nur wenige Dinge gut zu beherrschen:
Niemand kann alles. Für jede Frau sollte es zwei oder drei Dinge geben, die sie richtig gut beherrscht, und sie sollte Lust haben, ihre Fähigkeiten weiter zu verbessern.

- Beschreiben Sie ganz konkret, was Sie glauben, nicht zu können!
- Welche Fähigkeiten müßten Sie besitzen, um die Situation doch zu meistern?
- Legen Sie schriftlich fest, wie Sie diese Fähigkeiten erwerben werden.
- Kalkulieren Sie reichlich Zeit für diesen Lernprozeß.
- Legen Sie Ihre persönliche Meßlatte nach jedem Erfolg einen Zentimeter höher, nicht mehr. Wenn es Ihnen an Durchhaltevermögen mangelt, verschaffen Sie sich eine möglichst intensive Vorstellung von dem Gefühl, das Sie haben werden, wenn Sie Ihr Ziel erreichen.

Letztlich kann ein Test nur Anhaltspunkte geben. Entscheidend ist das reale Verhalten. Theoretisch könnte ein Mensch, der sich in seiner eigenen Vorstellungswelt stabil fühlt und keine Blockaden erkennt, dennoch bei Schwierigkeiten blockiert reagieren.
Cathrin, eine Altenpflegerin, sieht ihr Glück darin, in ihrer Freizeit den Garten zu pflegen. Sie läßt außer acht, daß sie sich davor drückt, selbst Auto zu fahren, Freunde zu treffen, Dinge zu tun, die ihre Fähigkeiten wirklich fordern. Sie glaubt, Probleme prinzipiell lösen zu können, aber selbst keine zu haben. In Wirklichkeit stiehlt sie sich nur aus der Verantwortung. Migräne und Dauermüdigkeit, Symptome, unter denen sie leidet, sprechen eine andere Sprache.
Auch die Frauen, die in Töpferkurse pilgern und glauben, dort ihre Selbstfindung zu erlangen, blenden ihre Blockaden aus. Anstatt genau zu fragen, was sie vom Leben wollen, kneten sie Ton. Da ist mir Paula lieber, die nach zehn Ehejahren mit ihrer elfjährigen Tochter in ihre Heimat nach England zurückgeht und sich dort als Sprachlehrerin qualifiziert. Heute gönnt sie sich einen

Toyboy, einen Mann zum Spielen, den sie ausführt, weil sie gern mit ihm zusammen ist. Sie ließ ihn sogar ihr altes Auto verkaufen, damit er sie zu einem Urlaub einladen konnte!

Wie entstehen Selbstblockaden?

Jedes Problem, für das ein Mensch aus eigener Kraft keine Lösung findet, erhöht die Wahrscheinlichkeit, daß er in einer späteren, ähnlichen Situation ebenfalls keine Lösung finden wird.
Kindern wird oft der Umgang mit Gegenständen, an denen sie sich leicht verletzen könnten, verboten oder vergrault: »Messer, Gabel, Schere, Licht sind für kleine Kinder nicht.« Viele Menschen schrecken deshalb vor einem sehr scharfen Messer zurück. Sie sind an dieser Stelle blockiert. Ich glaube, daß darin ein Grund liegt, weshalb so wenig Hausfrauen wirklich scharfe und damit gut schneidende Messer in der Küche haben. Wenn sich jemand mit dieser Blockade im Hinterkopf überwindet, ein wirklich scharfes Messer zu benutzen, wird er unsicher sein und sich deswegen eher schneiden als jemand ohne diesen Zweifel.
Wer eine Gefahr sieht, muß eine Strategie finden, ihr zu begegnen. Man benötigt eine realistische Einschätzung seiner Fähigkeiten und die Erwartung, daß man es schaffen kann. Das heißt für unser Messer: Ich weiß, das Messer ist scharf – also konzentriere ich mich, wenn ich damit schneide.
Die Frau, die sich durchsetzen will, muß sich viele Erfahrungen im Durchsetzen verschaffen, sonst wird sie scheitern, wenn sie darauf angewiesen ist, gelassen unnachgiebig zu reagieren. Es ist wie mit dem scharfen Messer.

Ohne Erfahrung und Training bleibt unsere Durchsetzungskraft ein stumpfes Messer und wirkungslos, oder wir sind so scharfzüngig und aggressiv, daß wir nur Unheil anrichten.

Wer sich scheut, den Fahrscheinautomaten eines Verkehrsverbundes zu bedienen, oder es vermeidet, eine Videocamera in die Hand zu nehmen oder seine Ungeschicklichkeit vorschiebt, wird sich darin fesseln.

Sicher blockiert ist, wer:
- sich vom Partner bevormunden läßt,
- seine Meinung hinter dem Berg hält,
- oft darauf schielt, was die Leute denken,
- häufig Niederlagen erlebt,
- glaubt, jedem Streit aus dem Weg gehen zu müssen.

Was bewirken Selbstblockaden und wie verhindert man sie?

Abgesehen von den Schwierigkeiten, in einer konkreten Situation das Richtige zu tun, werden die Selbstzweifel wachsen. Frauen, die in eine Spirale von Blockaden geraten, werden immer häufiger Gefühle von Unfähigkeit erleben, selbst ohne konkreten Anlaß. Sie verlieren ihre Fähigkeit, selbständig Lösungen zu finden. Sie werden schneller in Streß geraten. Das Gefühl, nichts mehr richtig zu machen, kann sich auf alle Lebensbereiche erstrecken.

Angelika wollte mit 30 Jahren den PKW-Führerschein machen, um beweglich zu sein, auch wenn ihr Mann zur Arbeit war. Sie wollte die Erlaubnis haben, mit einem Wagen von A nach B zu fahren, wirklich etwas lernen wollte sie nicht. Autos und Technik waren ihr »herzlich verhaßt«. Für die Details des Autos und den

Straßenverkehr interessierte sie sich absolut nicht. Sie stellte sich in der Tat dumm an, würgte den Wagen ab, quälte das Getriebe und mißachtete »systematisch« die Vorfahrt. Die Fahrstunden waren ihr lästig, sie war mürrisch, wenn der Fahrlehrer ihr etwas erklärte. Daß der Mann an ihr verzweifelte und sie nicht besonders leiden konnte, ist leicht nachzuvollziehen. Er blaffte sie an: »Sie verschwenden mit Ihren Fahrstunden das Geld Ihres Mannes!« Verstört zog Angelika sich in den Schmollwinkel zurück.

Sie suchte mich auf, weil sie glaubte, Prüfungsangst wäre ihr Hauptproblem. Erst nach einigen Gesprächen rückte sie mit der ganzen Wahrheit heraus. Die Führerscheinprüfung war lediglich der Höhepunkt einer Serie von Selbstblockaden. Angelika hatte ein miserables Bild von sich, fand sich unattraktiv, sah keine Zukunft für sich und war ziemlich verzweifelt. Fast alles mißlang ihr.

Sie mußte lernen: Ohne echten Einsatz ist nichts zu verändern. Das gilt schon für den Führerschein. Wer die Prüfung bestehen will, muß innerlich dazu bereit sein und wirklich etwas dafür tun.

Die Führerscheinprüfung wurde Angelikas Übungsfeld: »Das interessiert mich alles nicht!« wurde zum »verbotenen Satz« erklärt, denn damit hatte sie jedes Engagement gestoppt. Jetzt konnte sie wenigstens sagen: »O.K., ein bißchen muß ich schon vom Straßenverkehr und von Autos verstehen.« Angelika erkannte, daß ihre Bereitschaft, sich ernsthaft mit einer Sache auseinanderzusetzen, die Grundlage war, ihrer depressiven Lethargie zu entkommen.

Sie schützen sich vor Selbstblockaden mit der Einstellung:

Es gibt kein wirkliches Scheitern.

Scheitern ist eine Wertung, keine Realität. Ändern Sie

Ihren Blickwinkel. Sie haben bei jedem Fehler, bei jedem Mißgeschick und bei jedem Fehlschlag die Möglichkeit zu fragen: Was lerne ich daraus, was kann ich beim nächsten Mal besser oder anders machen? Schädlich ist allein das Gefühl: »Ich habe etwas falsch gemacht, etwas nicht geschafft, ich werde auch beim nächsten Anlauf scheitern.«

Das heißt, wenn etwas danebengegangen ist:
- erforschen Sie, was genau schiefgelaufen ist, und
- was Sie beim nächsten Mal anders machen werden,
- suchen Sie auch nach Anteilen von Schuld bei anderen,
- erkennen Sie, daß Ihre eigenen Anteile veränderbar sind.

Damit ist kein vorschnelles Selbstlob nach dem Motto: »Du bist klug und schön, alles wird dir gelingen« gefordert, sondern eine nüchterne Betrachtung der eigenen Fähigkeiten. Blockierten Menschen fällt es schwer, eine gute Meinung von sich zu haben, sie haben eine pessimistische oder selbstzweiflerische Ader. Daran müssen sie etwas ändern.

Glaube an deine Fähigkeiten, nicht ans Schicksal

Warum bekomme ich einen Job, warum wird meine Arbeit geschätzt, welcher Mensch paßt zu mir? Viele Frauen glauben an schicksalhafte Verstrickungen auch bei solchen Fragen. Sie orientieren sich an Horoskopen. Sie ahnen nicht, daß es eine unheilige Verbindung gibt zwischen Selbstblockaden und solchen scheinbar außerhalb der eigenen Person liegenden Zusammenhängen.

Wenn ein Mensch glaubt, selbst keinen Einfluß auf den Verlauf seines Lebens zu haben, muß er zu neuen Theorien greifen, weil Menschen nach Erklärungen suchen, weil sie an Ursachen glauben wollen. Letztlich funktioniert dieser Prozeß bei den kaum zivilisierten Indianerstämmen am Amazonas genauso wie im aufgeklärten Europa. Der Mensch, der Zusammenhänge nicht mehr erkennen kann, konstruiert sie. Er (er-)findet Verbindungen zwischen Sternkonstellationen und seinem persönlichen Schicksal.

Für mich ist es unvorstellbar: Da glaubt eine Frau, die Sterne hätten mehr Einfluß auf ihre persönliche Zukunft als das Bündel der Fähigkeiten, die sie im Leben erworben hat.

Etwas mehr Courage

Neues Handeln beginnt im Kopf. Wenn Sie also ein neues Handlungsmuster aufbauen wollen, muß zuerst ein neues Denkmuster her. Und das geht nur, wenn man die alten Denkfallen erkannt und verstanden hat, wann und wie man in diese Löcher stolpert.

Zuerst müssen Frauen mit den stärksten Widersachern gegen Veränderung aufräumen, den *scheinbaren* Ängsten. Ich habe diese schwach ausgeprägten Ängste *scheinbare* Ängste genannt, weil sie einen deutlich anderen Stellenwert und andere Funktionen haben als *echte* Ängste.

Echte Angst ist ein lähmendes Gefühl, das körperliche Reaktionen und starke, kaum zu unterdrückende Fluchtimpulse auslöst oder zu einer totalen Starre führt. Die wenigsten Menschen leiden unter solchen Angstzuständen. Die meisten verspüren jedoch *scheinbare* Ängste.

Viele Frauen haben schon Angst, wenn sie sich nur vorstellen müßten:
- dem Partner zu widersprechen,
- sich um einen neuen Job zu bewerben,
- mit den Eltern oder Schwiegereltern zu streiten,
- ein anderes als das gewohnte Automodell zu fahren,
- den Kopf unter Wasser zu tauchen,
- in der Brandung zu schwimmen,
- nach einer Gehaltserhöhung zu fragen,
- eine neue Aufgabe zu übernehmen,
- sich mit Computern zu beschäftigen,
- Tiere anzufassen (Katzen, Meerschweinchen, Ratten),
- ein Gewitter am Fenster zu beobachten,
- auf Ämtern oder vor Gericht zu erscheinen,
- mit dem Lehrer der Kinder zu sprechen.

Scheinbare Angst verhindert, daß Sie aktiv werden

Für viele Frauen ist es wichtig, eine neue Einstellung zu ihren scheinbaren Ängsten zu gewinnen. Oft aber kokettieren Frauen mit ihrer Angst. Sie werden nicht durch sie gelähmt, auch raubt sie ihnen nicht den Atem. Doch sie ist eine wunderbare Erklärung, passiv zu bleiben, auch vor sich selbst. Wenn eine Frau sagt: »Ich habe Angst«, meint sie oft: »Ich weiß nicht, was passieren wird, wenn ich widerspenstig werde, meinem Partner Druck mache, bei meinem Chef Position beziehe, mein Kind stärker in die Pflicht nehme, der Freundin auch mal einen Wunsch ablehne, Bekannte auf Distanz halte, mich bei Kollegen durchsetze, dem Verkäufer die Meinung sage, dem Kellner das Essen zurückgebe.« Letztlich will sie sagen: »Ich traue mich nicht. Ich fürchte, ich könnte mich blamieren, mehr Porzellan zerschlagen, als mir lieb ist. Ich will mir nachher keine Vorwürfe machen müssen.«

✘ *Erinnern Sie sich an drei oder vier Situationen, in denen Sie etwas nicht getan haben oder etwas übervorsichtig angegangen sind, weil Sie die »Angst« hatten, irgend etwas könnte mißlingen, Sie könnten sich oder anderen schaden.*
Wenn Sie bereit sind, sich von der Vorstellung, ängstlich zu sein, zu verabschieden, dann überlegen Sie, welchen Nutzen diese scheinbare Angst hatte.

- Wovor hat die angebliche Angst Sie geschützt?
  Wollten Sie diesen Schutz? Wenn ja: Wodurch sonst können Sie noch Sicherheit erlangen?
- Welches Risiko brauchten Sie nicht einzugehen?
  Denken Sie stärker an den möglichen Gewinn. Fragen Sie sich, wie Sie Ihr Risiko verkleinern können!
- War Angst ein gutes Argument, passiv zu bleiben?
  Phantasieren Sie, was alles passieren könnte, wenn Sie aktiv werden!
- Hätten Sie Unbequemlichkeiten in Kauf nehmen müssen?
  Sie bekommen nichts geschenkt. Verabschieden Sie sich von solchen Vorstellungen!
- Waren Sie unsicher, was danach hätte passieren können?
  Gewöhnen Sie sich an, die Konsequenzen abzuschätzen, bei allem was Sie tun!
- Gab es eine reale Gefahr, der Sie sich ausgesetzt hätten?
  Reale Gefahren müssen ernstgenommen werden. Überlegen Sie genau, wie Sie ihnen begegnen können.

- Hat die scheinbare Angst Sie davor bewahrt, Stellung beziehen zu müssen?
  Entscheiden Sie, ob Sie Stellung beziehen wollen oder nicht.

Klassische Beispiele für scheinbare Ängste sind die Angst vor einer Maus oder einer Spinne. Scharen von Karikaturisten haben sich darüber lustig gemacht. Aber auch die Furcht, allein in der Wohnung zu sein oder allein in ein Lokal zu gehen, zählt dazu. Die Hemmung, Auto zu fahren, in einem Restaurant kaltes Essen zurückgehen zu lassen oder die Angst, allein Urlaub zu machen, gehören hierher.

Fast jeder Mensch kennt Befürchtungen, die letztlich nicht angemessen sind. Und wahrscheinlich fallen auch Ihnen eine oder zwei Ängste ein, von denen Sie wissen, daß sie letztlich grundlos waren. Dennoch bleibt so etwas wie ein innerer Widerstand, diese Haltung zu verändern. Es bremst uns eine kleine Hemmung, mutiger zu sein, mehr nicht.

Frauen müssen verantwortlich mit ihren Empfindungen umgehen, deutlich unterscheiden, ob sie ernstlich durch Ängste beeinträchtigt sind oder letztlich eher Hemmungen empfinden, die es zu überwinden gilt.

So lassen sich Hemmungen überwinden

Hemmungen überwindet man am leichtesten durch langsames Herangehen, geduldiges Ausprobieren und eine fröhliche Grundstimmung. Und trösten Sie sich, selbst diejenigen, die bereits ihren Mut bewiesen haben, kämpfen noch mit scheinbaren Ängsten in Bereichen, die ihnen fremd sind. Da scheut die Springreiterin davor zurück, in ein Segelflugzeug zu steigen, und die Geschäftsführerin, einen Kurs beim renommierten Rhetoriklehrer zu buchen.

Claudias Tochter brachte eine Ratte im Käfig mit nach Hause. Für die meisten kein schönes Tier mit seinem nackten Schwanz und den wachen unruhigen Augen. Claudias erster Kommentar »Wie eklig!« meinte aber vielmehr »Ich habe Angst, das Tier könnte mich beißen!«

Die meisten Mütter gewöhnen sich mit der Zeit an so einen neuen Wohnungsgenossen. Zuerst füttern sie das Tier, weil der Sprößling es vergessen hat. Bald stellen sie fest, so häßlich ist das Tier mit seinem matt glänzenden Fell gar nicht.

Claudia beobachtete die Ratte, als diese possierlich über die Schulter der Tochter lief, Männchen machte und ihr aus der Hand fraß. Claudia dachte: »Ich könnte sie ja vielleicht einmal ganz kurz berühren.« Das Fell fühlte sich wirklich seidig an, und Anstalten zu beißen machte sie auch nicht. Es dauerte nicht lange, und die Ratte, die jetzt alle Karlchen nannten, lief über Claudias Arm. Wenn Claudia heute »Karlchen« ruft, kommt er aus seinem Versteck und erwartet einen Leckerbissen. Kein Wunder, sie ist die einzige, die sich regelmäßig um sein Wohlergehen kümmert. Und eigentlich sind Ratten ganz putzige Tierchen, oder?

Immer, wenn Sie »Ich habe Angst!« denken oder aussprechen, dann halten Sie für einen kurzen Moment inne. Überlegen Sie: Bin ich wirklich beunruhigt oder verschaffe ich mir nur eine Ausrede, einer Herausforderung auszuweichen. Wenn Sie die Ausrede erkennen, machen Sie den nächsten Schritt: Legen Sie fest, wann und wie Sie Ihre Hemmungen angehen wollen.

Sie überwinden viele Hemmungen, wenn Sie in der

Phantasie spielerisch beginnen, das zu tun, was Ihnen im Moment beunruhigend erscheint. Nähern Sie sich in Gedanken der widerspenstigen Bemerkung, der Forderung, die Sie noch nicht zu stellen wagen oder dem harten Nein, das Sie fürchten auszusprechen.
Wenn es Ihnen in der Vorstellung leichtfällt, wagen Sie sich in der Realität an eine Szene, die Ähnlichkeit mit dem gewünschten Ziel hat, aber viel weniger Unruhe auslöst.

Sich selbst mögen

Eine Zuhörerin in einer Lesung formulierte es einmal so: »Eine zänkische Furie kann ich sein, ohne mich zu achten und eine gute Meinung von mir zu haben, aber ein erfolgreich böses Mädchen kann ich nur sein, wenn ich mich besonders gut leiden kann.«
Sich selbst mögen hat etwas mit Lebensfreude zu tun, mit dem Gefühl, die Zügel des eigenen Lebens fest in der Hand zu haben, mit dem Wissen, etwas leisten zu können und schon einiges geleistet zu haben. Und auch mit der Sicherheit, von anderen Menschen wirklich gemocht zu werden. In diesem Kapitel geht es darum, Ihnen Ihre eigenen Fähigkeiten sichtbar zu machen, damit Sie diese wirklich in Besitz nehmen können. Ein Geheimrezept dafür gibt es nicht. Sicher ist, jede(r) kann jederzeit damit anfangen, sich Gutes zu tun, sich anzuerkennen, sich gernzuhaben. Erst wenn Frauen eine bejahende Einstellung zu sich selbst gefunden haben, können andere auch auf sie zugehen. Ist das nicht der Fall, erwarten sie vom Gegenüber mehr, als sie selbst zu leisten in der Lage sind. Der andere soll etwas sehen, an das sie persönlich nicht glauben.

Das mag ich an mir

Im Gute-Mädchen-Buch habe ich die Leserinnen gebeten, drei Gründe zu nennen, weshalb sie sich selbst mögen. Auch in den Lesungen bat ich die Zuhörerinnen darum und fügte die Einschränkung hinzu: »Lassen Sie nur solche Gründe gelten, aus denen Sie persönlich wirklich Nutzen ziehen.« Fast immer wurde es daraufhin ruhig im Saal, bis sich ein, zwei mutige Frauen vorwagten und ihren Grund oder ihre Gründe darlegten.
In einer konservativen Stadt (Bischofssitz) wagte eine Frau zu antworten »Ich kann gut lügen!« – Der Eigennutz ist in der Tat eindeutig. Allerdings löste die Antwort betretenes Schweigen aus. Eine knisternde Ruhe machte sich im Saal breit, bis eine Zuhörerin bissig kommentierte: »Das versuche ich meinen Kindern gerade abzugewöhnen.«
Dennoch war klar, diese Frau hatte den Nagel auf den Kopf getroffen. Lügen ist eine Eigenschaft, aus der man selbst deutlich Nutzen ziehen kann, und es ist sicher gerechtfertigt, stolz auf diese Eigenschaft zu sein und sich deshalb zu schätzen.
Manche Frauen tun sich tatsächlich schwer, auch nur eine kleine Notlüge zu benutzen. Sie bringen es nicht über sich, einer neugierigen Bekannten zu sagen, daß sie ein Arbeitstreffen haben, wenn sie in Wirklichkeit mit einem neuen Freund verabredet sind. Es kostet sie große Überwindung, ihrem Kind eine geschwindelte Entschuldigung für die Schule auszustellen oder die Schwiegermutter mit einer geschickten Ausrede von einem Besuch am Wochenende abzuhalten.
Die Antwort »Ich kann gut lügen« ist stets ein guter Einstieg für Zuhörerinnen, denen nur die recht braven Eigenschaften einfallen: »Ich bin humorvoll«, »Ich bin kreativ«, »Ich nehme das Leben leicht«, »Ich kann an-

dere gut beeinflussen«. Während am Bischofssitz betretenes Schweigen herrschte, löste das Beispiel bei allen anderen Lesungen herzhafte Lacher aus. Lügen ist ein Schritt auf dem Weg, böser zu werden. Natürlich wäre eine offene Aussprache oder eine klare Konfrontation in vielen Situationen noch etwas mutiger.

Dieser nächste Schritt fällt leichter, wenn man den Leitgedanken beherzigt, den eine Frau in Koblenz vorschlug. Sie landete den absoluten Hit, als sie sehr ruhig aufstand und, fast als würde sie ein Gedicht vortragen, sagte: »Ich gehe nicht über Leichen, aber durchaus über Leichtverletzte.« Daß in diesem Augenblick ein wahrer Sturm der Begeisterung losbrach, wird jeder verstehen. Dieser Satz bringt einen Kernaspekt des Böseseins oder besser des Auf-seinen-Chancen-Bestehens zum Ausdruck: Ich habe ein Ziel, und möglicherweise trete ich jemandem damit auf die Füße. Das ist nicht meine Absicht, aber ich werde es hinnehmen, denn der Versuch, niemandem auf die Füße zu treten, wird, das ist sicher, im absoluten Stillstand enden.

Es gilt die Einschätzung:

Ich muß Verantwortung übernehmen für das, was ich tue, und akzeptieren, daß andere dabei Blessuren davontragen werden.

Niemand kann es allen recht machen

Bei fast allem, was ich will oder beabsichtige, gibt es irgend jemanden, dem dies nicht paßt. Nähmen Frauen alle Animositäten, Wertungen und schräge Blicke von anderen zum Anlaß, ihre Wünsche zurückzustellen, gäbe es keine Bewegung mehr. Mein beruflicher Ehrgeiz und die Überstunden, die ich mache, erfreuen zwar den Chef, die Kolleginnen fühlen sich aber auf den Fuß

getreten, weil sie in Zugzwang kommen, ebenfalls länger zu bleiben.
Meine Forderungen an Mann und Kinder treffen nicht auf hellste Begeisterung, und die biedere Nachbarin könnte ungnädig dreinschauen und über mich herziehen, wenn ich am Abend, wegen einer Verabredung mit einer Freundin, Mann und Kinder mutterseelenallein lasse.
Selbst in einem Bewerbungsgespräch muß ich den Gedanken akzeptieren, daß ich es nicht allen recht machen kann. Oder wollen Sie sich für jeden Satz entschuldigen, der nicht auf ungeteilte Anerkennung trifft? Es gibt immer die Möglichkeit, daß einem zukünftigen Chef eine Antwort nicht gefällt. Solche Fettnäpfchen stecken Frauen nur weg, wenn sie wissen, was sie wert sind.

Frau, bist du gut!

Doch jetzt meine Bitte: Nehmen Sie sich wirklich Zeit. (Legen Sie das Buch für einen Moment zur Seite.) Beschäftigen Sie sich ganz konkret mit der Frage: »Was sind meine positiven Eigenschaften, die mir wirklich nutzen?«
Beschäftigen Sie sich so lange mit der Frage der nützlichen Fähigkeiten, wie Ihnen das Nachdenken darüber interessant erscheint, wenden Sie sich dann wieder dem Buch zu. Die folgende Liste sollten Sie während des Lesens immer wieder vornehmen, ergänzen, umschreiben. Zum Schluß ist es ein Teil Ihres Lebenskapitals geworden, auf das Sie jederzeit zurückgreifen können.

Ich kann ... _____

_____

Wo setze ich diese Fähigkeit ein? _____

_____

Was nützt sie *mir*? _____

_____

Wo könnte diese Fähigkeit *noch* eingesetzt werden?

_____

»Vielleicht bin ich so oder so?« ist eine kleine, wahrscheinlich harmlose Gedankenspielerei, damit kann man sich einen Moment beschäftigen und dann wieder in den alten Strickmustern versinken. Etwas anderes ist es, wenn Sie eindeutig Farbe bekennen, den Mut finden, wirklich nach einer Eigenschaft zu suchen, und diese dann präzise formulieren und niederschreiben. Wenn wir etwas hinschreiben, fühlen wir uns stärker verpflichtet, diese Eigenschaften auch ernstzunehmen und dazu zu stehen.

Zu denken, ich kann viele Leute leicht um den Finger wickeln, ist einfach. Es hinzuschreiben, und damit Verantwortung für diese Eigenschaft zu übernehmen, ist eine deutlich höhere Hürde. Einmal hingeschrieben ist es eine feststehende Aussage. Abschwächungen wie

»Vielleicht auch nicht« oder »So richtig weiß ich es nicht« sind dann weniger leicht möglich.

Wichtig ist das Schreiben, weil schwarz auf weiß eine viel größere Herausforderung darstellt. Einmal aufgeschrieben läßt sich leichter analysieren, wo Sie diese Fähigkeit einsetzen und genau prüfen, welchen Nutzen Sie daraus ziehen können. Damit schaffen Sie gute Voraussetzungen, neue Anwendungsfelder für eigene Fertigkeiten zu finden.

»Ich kann ...«

Die Liste der Eigenschaften, die man an sich mögen kann, ist so lang, wie die Palette der menschlichen Fähigkeiten vielseitig ist. Ich kann mitreißend lachen. Ich bin äußerst genau. Ich halte mein Wort. Ich habe eine schnelle Auffassungsgabe. Ich bin zäh. Ich weiß immer genau, was ich will. Ich sehe einem Menschen an, ob er lügt oder die Wahrheit sagt. Ich bin sehr geduldig. Ich habe eine gute Kondition. Ich kann sehr böse werden. Ich sage stets, was ich denke. Ich bin humorvoll. Ich kann in Gesichtern lesen. Ich kann, auch wenn ich sehr wütend bin, noch klar denken. Ich kann mich selbst gut leiden. Ich bin clever.

Und die Karrierefrau entdeckt, ich kann sehr verbissen an einem Ziel dranbleiben, zäh gegen Widerstände arbeiten. In der richtigen Stimmung sprudeln geniale Einfälle. Ich halte meine Arbeit erst für getan, wenn auch das letzte Detail stimmt und gesichert ist. Ich weiß mir Verbündete zu suchen, ich kann kämpfen wie eine Löwin, denn die sind nach neueren Verhaltensforschungen wesentlich aktiver beim Beuteschlagen als ein Löwenpascha. Ich weiß meine Kunden zu nehmen, mit Lieferanten zu verhandeln oder Mitarbeiter zu motivieren. Wenn es sein muß, kann ich äußerst hart sein, doch gleichzeitig habe ich ein offenes Ohr und Auge für die Probleme meiner Mannschaft oder einzelner Mitarbeiter.

Hier einige Antworten, die mir besonders gut gefallen haben:
- Ich kann ganz verbissen auf ein Ziel zusteuern.
- Ich kann mit Blicken töten.
- Ich kann eiskalt bleiben, wenn andere toben.
- Ich kann total sauer werden und zwei Minuten später innerlich wieder ruhig und freundlich sein, wenn es mir hilft.
- Ich kann andere so stark beeinflussen, daß sie nachher kaum glauben, wozu sie ja gesagt haben.
- Ich kann Leute leicht dazu bewegen, daß sie etwas für mich tun, und die freuen sich sogar darüber.
- Ich kann jemandem schmeicheln, ohne daß er merkt, daß er eingewickelt wird.
- Ich kann gelassen mit Menschen kooperieren, die ich nicht mag.
- Ich kann alleine leben, mit viel Spaß und Kontakt.
- Ich kann ganz cool wirken, auch wenn ich innerlich aufgeregt bin.

Gekonnt ist gekonnt

Viele Frauen tun sich schwer, ihre Stelle zu wechseln, selbst wenn sie ein verlockendes Angebot erhalten. Die Sorge über das Betriebsklima spielt dabei eine Rolle: »Ob die anderen wirklich so nett sind wie bei meiner alten Firma, ob ich wirklich so selbständig arbeiten kann, so problemlos auch mal mit der Arbeitszeit jonglieren, wie jetzt?« Und selbst wenn sie alle Be-

denken aus dem Weg geräumt haben, bleiben doch Zweifel.
Mechthild beschäftigt sich mit ähnlichen besorgten Fragen. Sie hat jedoch außer acht gelassen, daß sie selbst deutlich mit dafür gesorgt hat, daß es in ihrer alten Firma ein so gutes Betriebsklima gibt. Sie hat mit ihrer Art einen großen Anteil daran.
Mechthild wird ihre Eigenschaft, Menschen für sich zu gewinnen, auch in der neuen Position mit Erfolg einsetzen. Sie wird auch die neuen Kollegen dazu bringen, ihr die guten Seiten zu zeigen. Selbst wenn es einen Miesepeter gibt, wird das kein großes Problem sein. Denn den hat es in ihrer alten Firma sicherlich auch gegeben, und sie wußte ihn zu nehmen.
Die persönlichen Fähigkeiten von einem Lebensbereich auf einen anderen zu übertragen klappt leichter, wenn sie einem bewußt sind. Erst wenn ich weiß, was ich kann, habe ich die Möglichkeit, auf dieses Können bewußt zurückzugreifen, dann habe ich mir ein Handwerkszeug geschaffen.
Helga hatte keinerlei Probleme, im Job auch einem netten Kollegen nein zu sagen, aber der Schwiegermutter abzuschlagen, sie von A nach B zu fahren, das schaffte sie nicht, obwohl die genug Möglichkeiten besaß, es selbst zu organisieren. Helga mochte ihre Schwiegermutter, sie wollte etwas für sie tun, aber Dauertaxi wollte sie nicht sein.
Erst als sie erkannte, daß sie mit der gleichen Selbstverständlichkeit auch der Schwiegermutter nein sagen konnte, wie sie es im Job ohne Konflikte schaffte, war das Thema vom Tisch. Die Schwiegermutter organisierte ihre Fahrdienste selbst, wenn auch etwas gekränkt. Sie hatte dieses Nein bald verschmerzt, denn Helga lud sie gern zu kurzen Ausflügen in Cafés ein, die stattfinden konnten, wenn sie in Helgas Arbeitsplan

paßten. Auch die gemütlichen Plauschs zu Hause taten der Schwiegermutter gut. Helga kam zu Besuch, wenn sie auf dem Weg zu einem Termin war. Von diesen Treffen hatten beide mehr.
Selbst sehr starke und selbstbewußte Frauen erleben hier Überraschungen. Frauen, die im Beruf kämpferisch und durchsetzungsstark sind, verhalten sich privat manchmal kindlich und hilflos. Sie leiden darunter, kritisieren sich und ändern doch nichts. Ich kenne eine Steuerberaterin, die millionenschwere Abschlüsse testiert, aber Hemmungen hat, zum Telefon zu greifen und Freunde anzurufen. Sie sorgt sich, sie könnte stören und damit »unangenehm auffallen«, den Angerufenen »gegen sich aufbringen«. Aber auch den umgekehrten Fall habe ich erlebt. Margot, die stabile und selbstbewußte Frau, die sich im privaten Umfeld keine Butter vom Brot nehmen ließ, verhielt sich im Büro fast duckmäuserisch unauffällig und, was besonders schlimm war, ideenlos. Margot sah ihr Defizit darin, keine adäquate Ausbildung für den Job zu haben, den sie allerdings schon zehn Jahre gediegen, aber leider etwas träge ausfüllte. Sie hatte in ihrer Beziehung eindeutig »die Hosen an«, aber ihre berufliche Selbstbescheidung war auffallend. Ich ermunterte sie, an Lehrgängen teilzunehmen und mit einer Ausbildung zu beginnen. Sie fragte mich allen Ernstes, ob sie das dürfe und ob es dafür nicht zu spät sei.

Darf ich so sein?

Natürlich können noch immer Zweifel an Ihren positiven Eigenschaften auftauchen, wenn sie klar und deutlich als Satz auf dem Papier geschrieben stehen.
»Darf ich so überhaupt sein?«

»Werden andere mich so akzeptieren?«
Es können Wertungen auftauchen:
»Mit dieser Eigenschaft bin ich für meine Freunde ein schlechter Mensch. Das will ich nicht sein.«
Es können Ideen entstehen:
»Kein Wunder, daß ich nur mit wenigen Leuten auskomme, wenn ich solche Vorstellungen habe.«
Auf diese Bedenken muß jede Frau eine eigene Antwort finden. Eine couragierte Frau entschied so: Iris ist freiberufliche Übersetzerin. Sie spürte ihr Durchhaltevermögen, wenn sie verbissen an einer Übersetzung arbeitete. »Ich kann hart an einer Sache arbeiten und lasse mich nicht ablenken!« schrieb sie auf ihr Ich-kann-Blatt. Sie konzentrierte sich so gut, daß sie alles um sich herum ausblenden konnte. Das bekamen auch ihre beiden Kinder (vier und sechs Jahre alt) zu spüren. Der hungrige Sechsjährige kam an ihren Schreibtisch: »Mama, ich habe Hunger!« Ihre knappe Antwort: »Toaste dir ein Brot, und nimm dir ein Stück Käse, das muß jetzt reichen, wir essen heute abend warm.« Damit wandte sie sich wieder ihrer Arbeit zu. Selbst kleinere Verletzungen mußten die Kinder allein überstehen. »Hol dir ein Pflaster aus der Kiste!« hieß es dann. Ihre Fähigkeit, sich unter schwierigen Bedingungen konzentrieren zu können, kam ihr schließlich schon »ein bißchen verwerflich« vor. »Darf ich meine Interessen so in den Vordergrund schieben?« Sie fühlte sich selbstsüchtig.
Ich fragte Iris: »Schadest du deinen Kindern, wenn du so konzentriert arbeitest und nur in einem wirklichen Notfall für sie da bist?« Nach einigem Zögern blickte Iris auf und lächelte: »Ich glaube, daß ich ihnen langfristig sicher nutze. Erstens erzieht es sie zu einer gewissen Selbständigkeit, und zweitens lebe ich ihnen ein Modell vor, das sie später sicher einsetzen werden und aus dem sie Vorteile ziehen.«

Gute Eigenschaften schlecht genutzt

In Ankes Selbstbeschreibung las ich: »Ich kann gut zuhören!« Als Beispiel führte sie an: »Wenn meine Freundin Maike mir von den Schwierigkeiten mit ihrem Mann berichtet, fühlt sie sich nachher immer deutlich besser.« Ankes Stimme kam mir seltsam vor bei dieser Antwort, also fragte ich sie: »Wie fühlst *du* dich nach einem solchen Gespräch?« Ihre Erwiderung nach einigem Zögern: »Ausgewrungen!«
Anke fiel auf, daß sie das Gespräch in ähnlicher Form schon x-mal geführt hatte. Immer ging es um die Lieblosigkeit und die häufige Abwesenheit von Maikes Mann. Nach den ersten Gesprächen war Anke stolz, sie glaubte Maike geholfen zu haben. »Ich habe ihr erklärt, daß sie fordernder sein soll, daß ich sie gut verstehe und auch verletzt wäre über sein Verhalten.« Aber jetzt verlor sie die Geduld: »Letztlich komme ich mir vor wie der Seelen-Mülleimer. Die lädt immer ab, geht fröhlich nach Hause und macht weiter wie bisher. Mir aber hängt das Gespräch nach. Ich glaube, Maike macht einen großen Fehler, bei diesem Mann zu bleiben, und je mehr sie mir erzählt, um so sicherer bin ich, daß sie gehen müßte, aber nichts passiert.«
Viele Menschen glauben, »Gut-zuhören-Können« wäre eine Fähigkeit, die hauptsächlich demjenigen, der zuhört, Nutzen bringt. Leider gilt das nicht immer.

 Finden Sie doch einmal heraus, was Sie beim Zuhören wirklich bewegt!
- *Wollen Sie etwas lernen, dann nützt es, gut zuhören zu können.*
- *Wollen Sie einen Menschen kennenlernen, dann nützt es, gut zuhören zu können.*
- *Wollen Sie herausfinden, ob jemand die Wahrheit*

sagt, dann ist Gut-zuhören-Können eine Voraussetzung.
- *Wollen Sie sich in jemand hineinversetzen, weil Sie ihn mögen, weil Sie mitfühlen wollen, dann ist Zuhören eine gute Eigenschaft.*

Vorsicht ist geboten, wenn Sie keine konkrete Absicht mit Ihrem Zuhören verbinden. Sie hören zu, weil der andere Druck oder Einsamkeitsgefühle loswerden will, aber der Mensch bedeutet Ihnen wenig. Auch wenn Sie eher widerwillig zuhören, nur höflich kommentieren, aber ohne innere Beteiligung sind, bleiben Zweifel berechtigt. Wenn Sie in dieser Situation ehrlich zu sich sein könnten, hätten Sie das Gefühl, Ihre Zeit zu verschwenden. Das Zuhören hat Ihnen keinen Gewinn gebracht.

Immer wenn Sie erkennen, daß Sie
- ungeduldig werden
- gähnen müssen
- unkonzentriert sind
- flüchten wollen

sind dies deutliche Hinweise, daß der Eigennutz verlorengegangen ist.

Schon wenn Sie diffusen Widerwillen spüren, ist aus Ihrer guten Eigenschaft eine schlechte Eigenschaft geworden.

Gerade wenn es um die weiblichen Tugenden Einfühlungsvermögen, Verständnis, Hilfsbereitschaft etc. geht, ist es für viele Frauen wichtig, wachsam zu sein.

Wann zeigen Sie Verständnis? Im allgemeinen, wenn es jemandem nicht gutgeht, wenn er oder sie Kummer hat, wenn eine Niederlage, eine Trennung, eine Enttäuschung verarbeitet werden soll. Verständnis hilft, hinter die Details zu sehen, Lösungen zu finden. Mitunter reicht es aus, nur dazusein, dem Sprechenden das Gefühl zu geben: »Du bist nicht allein, ich verstehe dich, es wird wieder gut werden.« In diesem Sinne hilft das Verständnis demjenigen, dem zugehört wird. Wenn Sie diese Aufmerksamkeit geben wollen, es gern tun, weil Sie den anderen mögen, dann ist das toll und in Ordnung!

Aber natürlich kann Verständnis zeigen auch bedeuten: »Ich höre alle Zwischentöne, verstehe den Sinn hinter den oberflächlichen Worthülsen, erkenne den Sprecher auch dort, wo er vielleicht gar nicht erkannt werden will.« Dann ist es eine besonders nützliche Fähigkeit, denn so eingesetzt, werden Sie als Zuhörende genau das erfahren, was Sie erfahren wollen.

Ähnlich verhält es sich mit: »Ich kann gut trösten«, »Ich kann mich gut in andere einfühlen«, »Ich bin hilfsbereit«, »Ich bin treu«, »Ich bin großzügig«, »Ich kann gut schlichten«, »Ich bin anspruchslos«, »Ich kann verzichten«.

Eine Frau erzählte nach einer Lesung, daß sie besonders gut schlichten könne. Sie erzählte Beispiele aus ihrem Job und aus ihrer Nachbarschaft, die ihre Wertung bestätigten. Ich schlug ihr vor, bei jedem Schlichten danach zu fragen, welchen Vorteil sie denn aus dieser Fähigkeit zöge. Eine Woche später erhielt ich einen Brief. Der Schlichterin waren Zweifel gekommen. Genaugenommen habe sie persönlich eher Probleme mit dieser Fähigkeit. Sie fühlte sich genötigt, eine größere Distanz zu den Menschen in ihrer Umgebung zu halten, als sie in Wirklichkeit haben wollte. Denn nachdem sie als Schlichterin aufgetreten sei, dürfe sie sich keiner der Parteien zu sehr nähern, um die persönliche Unparteilichkeit aufrechtzuerhalten. Das Gefühl, sich mit dieser Eigenschaft letztlich selbst zu isolieren, bereitete ihr arges Kopfzerbrechen. Sie hatte die Rolle der Schlichterin so sehr verinnerlicht, daß sie nur noch eine Art »Nähe ohne Berührung« herstellte, wie sie es nannte, unter der sie jedoch ziemlich litt. Sie entschied sich, an einige Menschen in ihrer Umgebung »dichter heranzurücken«, die »Berührungslosigkeit aufzugeben« und »parteilich« zu werden. Am meisten verwundert war sie allerdings darüber, daß ihre Fähigkeit zu vermitteln kaum darunter gelitten hatte. Wirklich verändert hatte sich nur die Haltung zu Bekannten, zu denen sie innerlich keinen näheren Kontakt hatte, hier verlor ihre ausgleichende Fähigkeit jede Wirkung.

Jeden Tag eine Fähigkeit entdecken

Experimentieren Sie mit der Liste Ihrer guten Eigenschaften, fügen Sie täglich/wöchentlich, wie es Ihr Alltag erlaubt, etwas hinzu.

Wenn Sie Lust haben, ganz intensiv in die Frage nach den eigenen Fähigkeiten und dem persönlichen Nutzen einzusteigen, fragen Sie bei allem was Sie tun: »Welche Fähigkeit setze ich ein, damit das, was ich gerade tue, gelingt?« Selbst wenn Sie das Badezimmer putzen, kann eine befriedigende Antwort Ihre Effizienz verdeutlichen: Ich arbeite ökonomisch und schnell, das ist eine Fähigkeit. Ich erleichtere mir die Arbeit mit gutem Material und passenden Hilfsmitteln. (Das ist nicht selbstverständlich, ich habe sehr kluge Frauen mit Spülmitteln an Kalkflecken herumdoktern sehen und am Versuch scheitern, mit einem vergammelten Schwamm einen Spiegel sauber zu bekommen.) Wenn Sie erkennen, daß Sie äußerst geschickt, ökonomisch und mit einem Minimum an Zeit Ihren

Haushalt organisiert haben, dann ist das eine gute Eigenschaft. Und was noch wichtiger ist: Sie können absolut sicher sein, in einem anderen Umfeld bei einer anderen Aufgabe ähnlich wirkungsvoll zu sein. Stellen Sie Ihr Licht keinesfalls unter den Scheffel.

Sie halten das für ein arg simples Beispiel? Sie glauben, so schlicht wären die Probleme selten gestrickt? Mir fallen auf Anhieb mindestens zehn kompetente Assistentinnen ein, die einen erheblichen Teil der Arbeit ihres Chefs leicht neben ihren eigenen Arbeiten abwickeln, wenn er in Urlaub oder auf Dienstreise ist. Leider denkt keine von ihnen im Traum daran, sich diese Fertigkeiten einzugestehen und daraus eine Forderung nach qualifizierterer Arbeit oder mehr Entscheidungsbefugnis abzuleiten. Sie haben fast jedes Detail der Arbeit ihres Vorgesetzten schon ausgeführt, sie haben erlebt, daß sie oft schneller zum Wesentlichen kamen und mehr erreicht haben als er, doch es ist in ihrem Selbstbewußtsein nicht angekommen. Würden diese Frauen mit dem einfachen Wahrnehmen solcher Fertigkeiten beginnen, ginge es ihrem Selbstwertgefühl schlagartig besser.
Ein Beispiel dafür ist Veronika. Sie arbeitete in einem großen Möbelhaus als Assistentin der Einkäuferin für Stilmöbel. Veronika wußte, daß sie Geschmack hat, aber sie traute sich wenig zu. Unser Spiel, die guten Fähigkeiten überall zu suchen, regte sie an, bei Einkäufen *vor* ihrer Chefin eine Kollektion oder ein Angebot zu studieren und genau festzulegen, was sie kaufen würde, wenn sie für den Einkauf zuständig wäre. Das Ergebnis: 90 Prozent der Waren, die ihre Chefin aussuchte, standen auch auf Veronikas Liste. Sie fand den Mut, auch Stücke vorzuschlagen, die der Chefin nicht

aufgefallen waren. Die Einkäuferin willigte in das Experiment ein. Sie bestellte fünf Möbel, für die Veronika sich entschieden hatte. Und obwohl die durchschnittliche Zeit, die ein Möbelstück im Verkaufsraum stand, zwischen fünf und acht Monaten lag, war Veronikas Auswahl nach vier Monaten verkauft.
Das gab Auftrieb. Sie fand den Mut, sich auch in die Präsentation stärker einzuschalten. Sie trat mit neuen Anbietern im Ausland in Kontakt und schlug ihrer Vorgesetzten vor, auch asiatische Möbel ins Programm zu nehmen.»Irgendwie überschlug sich alles, als wäre ein Ventil geöffnet, die Ideen sprudelten, sie hörten gar nicht mehr auf.« Nach einem Jahr schickte der Besitzer des Möbelhauses Veronika als selbständig entscheidende Einkäuferin auf Messen. Nach zwei weiteren Jahren wechselte sie in die Geschäftsführung eines europaweit tätigen Einrichtungshauses.
Je mehr Fähigkeiten Sie bei sich erkennen, um so stärker kann Ihr Selbstbewußtsein wachsen. Häufig mündet es in eine Spirale von wachsender Power wie bei Veronika, der Einkäuferin für Stilmöbel.

Starke Routinen

Eines werden Sie bei der Suche nach den eigenen Fertigkeiten bald spüren, bei Aufgaben, die zur Routine geworden sind, fällt es schwer, den Wert der Fähigkeiten deutlich zu erkennen. Routinen erfordern deshalb besondere Sorgfalt und Genauigkeit bei der Frage nach den Fähigkeiten, die eingesetzt werden.
Da sind die kleinen Handgriffe, die in Fleisch und Blut übergegangen sind, die jedes Handwerk auszeichnen. Da ist die verbale Treffsicherheit, mit der eine Journalistin auch unter Zeitdruck ihre Texte fertigt oder die

Schnelligkeit, mit der eine Assistentin die Notizen ihres Vorgesetzten in sauber formulierte Briefe verwandelt – Qualitäten, die als solche nicht mehr wahrgenommen werden, weil sie alltäglich geworden sind. Wer schwimmen kann, hat schnell die Mühe vergessen, mit der er es als Kind gelernt hat. Wer sich in einer Fremdsprache heimisch fühlt, findet nichts Außergewöhnliches mehr daran, sie zu beherrschen. Und viele Frauen vergessen, daß sie etliche Fingerfertigkeiten und Sachkenntnis besitzen.

Gute Eigenschaften nutzen auch anderen

Wenn Sie merken, daß auch andere von Ihren guten Eigenschaften profitieren, zermartern Sie sich nicht den Kopf. Ihr Ziel ist es sicher nicht, anderen zu schaden. Es geht schließlich darum, daß Ihr Können Ihnen nutzt, daß andere auch etwas davon haben, ist ein Nebeneffekt. Besonders bei Verständnis, Hilfsbereitschaft, Einfühlungsvermögen, Organisationstalent werden andere sicher profitieren, das ist auch in Ordnung.
Niemand setzt seine Fähigkeiten stets ausschließlich zum eigenen Vorteil ein, eine solche Forderung wäre auch ziemlich töricht, es würde das »Geben und Nehmen«, ein Grundprinzip menschlichen Handelns, in Frage stellen, letztlich eine Art dümmlichen Egoismus beschreiben, und den lehne ich ab.

Die neue Power wird andere erschrecken

Für jede Frau, die sich verändern will, ist es wichtig, die Wirkungen der eigenen Veränderungen auf die Umgebung zu bedenken und einzukalkulieren. Im günstigsten Fall ist jemand erfreut über Ihr neues Verhalten, aber das geschieht eher selten.

Gestehen Sie allen Menschen, die Ihnen wichtig sind, zu, daß sie irritiert sind, schließlich kam Ihr neues Auftreten für die anderen überraschend. Das Verhalten, das Sie jetzt zeigen, ist tage- oder wochenlang in Ihnen gereift, bis es ausgebrütet war, und niemand hat etwas davon gewußt.

Und jetzt wirkt es sich auf vieles aus: Beziehungen werden vollkommen umgekrempelt, sie können sogar zerbrechen. Aus dem vormals starken Mann kann der Schwächere werden. Werte, die vorher wichtig waren, können völlig unwichtig werden. Ihr Partner wird unsicher reagieren, ärgerlich, traurig, vielleicht sogar verzweifelt.

Oder er könnte, zu Ihrem großen Staunen, erfreut sein.

Erklären Sie den Menschen, die Ihnen etwas bedeuten, wohin Ihre Verwandlungsreise Sie führen soll, was sich ändern wird, was Sie gedenken, in Zukunft anders zu machen, welche Beweggründe Sie haben und wie Sie vorgehen wollen. Machen Sie den Menschen, die Ihnen wichtig sind, wirklich deutlich, wie es in Ihnen aussieht. Denn sie verdienen eine Chance, das, was jetzt neu auf sie zukommt, nachvollziehen zu können. Sie müssen nicht begeistert sein oder Ihnen zustimmen. Sie sollten Ihr Verhalten aber einordnen können, wenn auch mit einem Stirnrunzeln.

Ob es sich nun um Ihren Partner, Ihre Kinder, den Chef, Verwandte oder eine gute Freundin handelt, wenn sich jemand trotz aller Klarheit Ihrerseits vor den Kopf gestoßen fühlt, so bleibt Ihnen wenig zu tun übrig. Nehmen Sie es hin: »Der andere fühlt sich auf den Schlips

getreten, das war nicht mein Ziel, aber sie oder er hat ein Recht auf ihr oder sein Gefühl.« Verzetteln Sie sich nicht in ausschweifenden Erklärungen darüber, daß sie oder er sich nun wirklich nicht angegriffen oder was auch immer fühlen muß. Gefühle sind wie sie sind, man kann sie keinem ausreden. Halten Sie innerlich Abstand. Sie haben getan, was Sie konnten.
Sie sind nicht für die Gefühle anderer verantwortlich. Für Ihre eigenen hingegen müssen Sie allein geradestehen.
Kerry startete aus dem Nichts heraus mit dem Böserwerden. Ihre Freundinnen beschrieben sie als »brav und bieder« und hielten sie keiner bösen Tat für fähig. Allein darüber war Kerry schon wütend. Ihr Chef schlitterte mit seiner Baufirma einmal im Halbjahr am Konkurs vorbei, zahlte ihr Gehalt nur mit fünf oder sechs Wochen Verzögerung, und Urlaub gab es höchstens eine Woche am Stück.
Zwei Anläufe, die Firma zu verlassen, waren gescheitert. Der Chef hatte sie mit pünktlicher Lohnzahlung wieder geködert und an ihr Gewissen appelliert. Er behauptete, ohne sie würde die Firma garantiert Konkurs machen, das wäre amtlich. Aber Kerry war mit einem Schlag sicher: »Das wird immer so weitergehen!« Und dann entschied sie: »Nicht ein drittes Mal!« Sie suchte eine neue Stelle und zog wegen nicht bezahlter Überstunden vor Gericht. Der Vorwurf ihrer alten Kollegen, andere Mitarbeiter müßten jetzt noch länger auf ihr Gehalt warten, weil sie ihr Geld eingeklagt hätte, ließ sie noch kalt. Als zwei von ihnen sie besuchten und auf sie einredeten, dem Chef die Zahlungen zu stunden (so hatte sie sich schon einmal beschwätzen lassen), platzte es aus ihr heraus: »Ich bin mit dieser Firma fertig, und wenn ihr euch noch länger an der Nase herumführen lassen wollt, dann könnt ihr das gerne tun, aber

ohne mich und nicht auf meine Kosten.« So kannten sie Kerry nicht.

Sobald eine Frau mutiger handelt als zuvor, wird sie andere damit verunsichern. Jeder, der sich stärker durchsetzt, für seine Rechte kämpft, wird auf Menschen treffen, die negativ darauf reagieren. Es wird Leute geben, die enttäuscht feststellen, daß diese Frau keine Prügel mehr einsteckt, nicht mehr als geduldiges Arbeitstier zur Verfügung steht, daß sie sich nicht länger auf diesem Menschen ausruhen können. Sobald Sie beginnen, Kollegen oder Freunde deutlich zu kritisieren, werden diese betroffen reagieren.

Damit muß jede Frau rechnen. Sie wird lernen müssen, mit den Gefühlen umzugehen, die sie bei anderen auslöst, und ebenso auf ihre eigenen Gefühle zu achten, wenn sie ihr Verhalten ändert.

Wo gehobelt wird, da fallen Späne

Wenn Sie auf negative Kommentare oder Verwunderung treffen, sobald Ihre ersten Veränderungen sichtbar werden, dann lautet der erste Grundsatz: Halten Sie Ihre Sinne offen, denn mit »Augen zu und durch« wird niemand erfolgreich böse.

Deshalb:
- Sehen Sie genau hin, selbst wenn Ihnen die Reaktionen nicht gefallen.
- Akzeptieren Sie, was geschieht, weder Leugnen noch Gesundbeten helfen weiter.
- Räumen Sie den Betroffenen eine Gewöhnungszeit ein.
- Fragen Sie sich dann, wie will ich mit den Reaktionen umgehen?

Die Mutter, die ihren Kindern mehr Mitarbeit im Haushalt abverlangt, wird mit erheblichem Widerstand rechnen müssen und damit, daß ihre Sprößlinge ein äußerst vielseitiges Repertoire an Ausreden und Entschuldigungen bereithalten werden, ihre Forderungen ins Leere laufen zu lassen. Plötzlich ist sie vielleicht nicht mehr die liebe Mami, die mit einem flüchtigen Kuß zufrieden ist, nachdem sie 20 Minuten lang schmutzige Wäsche eingesammelt hat.

Ditas Mann Rainer war zu Beginn recht verstimmt, um es vorsichtig auszudrücken, als Dita versuchte, ihm am Abend die Zeitung freundlich, aber äußerst bestimmt aus der Hand zu nehmen. Sie hatte ihn seit Monaten gebeten, abends in der Küche mitzuarbeiten, mit wenig Erfolg. Nachdem er sich hinter seiner Zeitung verkrochen hatte, gab sie auf. Hinter der Zeitung war er bisher »in Sicherheit«. Als Dita das Blatt wütend wegziehen wollte und Rainer es festhielt, zerriß die Zeitung. Dita war für einen kurzen Moment irritiert und erschrocken. Sie spürte: »Jetzt muß ich dagegenhalten oder ich werde verlieren. Er muß wissen und anerkennen, daß sein Feierabend eine Stunde später beginnt als vorgesehen.«

Dita wurde deutlich: »Ich kann gut verstehen, daß du eine Pause brauchst, aber ich habe auch gearbeitet, und wir wollen beide essen. Ich werde sauer, wenn ich alleine in der Küche stehe, und mir ist der Abend verdorben, das will ich nicht. Du wirst ab jetzt deinen Teil zur Vorbereitung des Essens beitragen.« Rainer giftete zurück: »Ich bin doch nicht der Dackel!« Das hätte er besser nicht gesagt. Denn das brachte Dita wirklich in Rage: »Dann soll wohl ich der Dackel sein?« Nach drei Abenden schweigender Selbstbedienung lenkte Rainer ein: »Wie wäre es, wenn wir mal zusammen was Schönes kochen.«

Schuldgefühle sind überflüssig

»*Du bist aber egoistisch!*« Ein Vorwurf, der besonders Frauen an die Nieren geht. Egoistisch dürfen sich nur Männer verhalten. Es ist der Schlüsselbegriff, der den Chauvi charakterisiert. So angegriffen zu werden, klingt für viele Frauen, als würden sie ihre Weiblichkeit verlieren und als Mannweib abgestempelt sein. Was Männern als eine unfeine, aber sehr hilfreiche Lebenshaltung erscheint, macht Frauen gleich zu asozialen Wesen.
Frauen, die den eigenen Vorteil suchen, werden attakkiert:
»Du bist egoistisch, wenn du arbeitest und die Kinder von anderen versorgen läßt.«
Was sollte eine Frau denn sonst tun? Sollte sie ihren Beruf an den Nagel hängen, zu Hause sitzen, Trübsal blasen und glauben, die beste Kindererzieherin aller Zeiten zu sein?
»Du willst lieber arbeiten, als deinem Kind ein Geschwister zu gönnen, so ziehst du nur ein verkorkstes Einzelkind groß.«
Soll sie, um kein Einzelkind großzuziehen, ein Kind in die Welt setzen, das sie gar nicht will, auf Arbeit und Einkommen verzichten, die ihr wichtig sind?
Sie werden angegriffen: »Du bist selbstsüchtig, wenn dein Mann abends allein zu Hause sitzen muß, weil du zu deinem Frauenstammtisch gehst, obwohl du in dieser Woche sowieso kaum zu Hause warst.«
Was sollte sie statt dessen tun? Soll sie sich daheim dümmliche Western anschauen, die informative Tagesschau, die zwanzigste Wiederholung von ›Casablanca‹ oder eine Talkshow mit einem alternden Politiker? Ein besseres Angebot hat sie bisher nicht bekommen.
Sie werden heftig kritisiert: »Du tyrannisierst deine Fa-

milie, wenn du immer darauf bestehst, daß jeder seine Wäsche selbst wäscht.«

Soll sie lieber die Waschfrau für alle sein, die Putze der Familie?

Ihnen wird Ehrgeiz vorgehalten: »Du bist unsolidarisch, wenn du dich immer nach den interessanten Arbeiten drängst.«

Soll sie sich lieber nach den dummen Arbeiten drängen, den Schlafmützen alles nachtragen?

»Du könntest deinen Ehrgeiz etwas zügeln, alle in der Abteilung sind sauer auf dich, weil du immer willst, daß wir wirtschaftlicher arbeiten.«

Soll sie ihre beruflichen Ziele verleugnen? Soll sie nur darauf schielen, was andere tun oder lassen? Soll sie auf ihre Wertvorstellungen verzichten?

Ihnen wird die Solidarität abgesprochen: »Wenn ich Zoff mit meinem Mann habe, gibst du nur den Kommentar: ›Wehr dich doch, sonst bist du selbst schuld!‹ anstatt Mitleid und Verständnis zu zeigen, deine Frauensolidarität ist keinen Pfifferling wert.«

Soll sie diese Mentalität noch fördern, die Selbstfeßler auch noch beklatschen?

Der innere Zweifel

Heftige Attacken von außen gegen die selbstbewußte Frau sind die ersten Stolpersteine. Im Inneren gibt es andererseits genau so viele Fallstricke: »Das war nicht richtig von mir, meinen Mann so hart anzugehen. Wenn ich mich so durchsetze, bin ich nicht besser als mein Vater, der andere und mich genauso tyrannisiert hat.« Die Gewissenskonflikte können stärker sein als alle Angriffe von außen. Eine Seminarteilnehmerin klagte: »Vorwürfe von anderen kann ich bestens parieren, mir fallen gute Argumente ein, und ich lasse nichts auf mir sitzen. Aber wehe, der kritische Gedanke taucht in *meinem* Kopf auf, dann suche ich verzweifelt nach Gegenargumenten. Aber das einzige, was mir in den Sinn kommt, sind noch mehr Argumente gegen mich.« Diesen inneren Widerstand, und darum handelt es sich, müssen Frauen sehr ernst nehmen.

Alle Befreiungsversuche werden zunichte gemacht durch die zermürbenden Selbstzweifel. Letztlich wirken Frauen, die mit diesen inneren Fallstricken kämpfen, nur wenig überzeugend mit ihren Forderungen. Irgendwie kommt der Widerspruch zum Vorschein, und alles Reden nützt kaum, die anderen erkennen ihn und beißen sich daran fest.

Hier lohnt es sich, den eigenen Zwiespalt in Ruhe zu betrachten. Wenn Sie wissen, welche Barrieren Sie innerlich aufgebaut haben, läßt sich daran arbeiten.

Eine engagierte Frau reizte die Aufgabe, eine Gruppe von fünf Informatikerinnen zu leiten. Aber sie war unsicher, ob sie den Posten ausfüllen würde, und signalisierte deshalb ihrem Vorgesetzten keinerlei Interesse an dieser Position.

Kritischen Argumenten von außen bot sie leicht Paroli. Sie waren meist technischer Natur oder einfach aus Neid geboren. Die *eigenen* Bedenken wagte sie nicht genauer zu betrachten.

Erst als sie ihre eigenen Zweifel formulierte: »Werden die anderen mich noch mögen? Was passiert, wenn ich scheitere? Kann ich damit umgehen, wenn ich eine Konfrontation durchstehen muß?« und erkannte: »Ich hatte Angst, die anderen würden sich von mir abwenden«, sah sie ihre Crux. Hier stand ein Abschied bevor, wenn sie die Vorgesetztenrolle ausfüllen wollte. Die ungebrochene Nähe würde nicht bestehenbleiben. Die Informatikerin brauchte zwei Wochen, bis sie sagen konnte: »Ich will diesen Posten, auch wenn der Preis, die größere Distanz, hoch ist. Ich habe andere Kontakte, und eine harte, distanzierte Chefin werde ich sowieso nicht!«

 Wenn Sie mit Schuldgefühlen oder Zweifeln kämpfen, lassen Sie sich von Seite 65 inspirieren. Schreiben Sie jede Kritik, jeden Zweifel nieder. Finden Sie heraus, welcher Vorwurf Sie am stärksten trifft. Es ist derjenige, der Sie aufwühlt, für den Sie aber keine schlagfertige, passende Antwort haben.
Finden Sie in aller Ruhe Gegenargumente.
Schreiben Sie Ihre Entgegnungen nieder.
Mit einer guten Freundin läßt sich dieses Spiel vertiefen. Lassen Sie sie die kritischen Bemerkungen gegen Ihren Egoismus laut und vorwurfsvoll aussprechen. Sie soll Sie richtig provozieren: »Du bist keine richtige Frau, das tut man nicht!« Streiten Sie mit ihr. Tragen Sie Ihre Argumente vehement vor, gerade so, als würden Sie gegen einen wirklichen Miesmacher für Ihre Sache kämpfen.
Sie können sich mit dieser Methode keine Stimmung aufbauen, die Ihren Grundvorstellungen entgegensteht. Sie stärken jedoch die eigene Einstellung und lösen sich von Argumenten, die lediglich von außen übernommen wurden.

Schuldgefühle ignorieren

Natürlich können Schuldgefühle auch entstehen, nachdem Sie im eigenen Interesse gehandelt haben und ein anderer sich benachteiligt, zurückgewiesen oder ausgenutzt fühlt.
Sie können es nicht allen recht machen.
Es ist schwer genug, es sich selbst recht zu machen.

Wenn Sie Ihren Weg gehen, wird es Kritiker geben, vermeintlich oder wirklich Betroffene. Deshalb ist es richtig, immer wieder die eigenen Argumente für eine Handlungsweise oder eine Einstellung zu festigen und zu verfeinern. Besonders, wenn daraus Nachteile für andere entstehen:
Ich werde ihm oder ihr nicht helfen, weil...
Ich werde mich nicht wieder mit ihm einlassen, weil...
Ich stehe zu meiner Entscheidung, weil...
Ich lasse mich nicht umstimmen, weil...
Wenn Frauen lange vor einer eigenen klaren Position zurückgeschreckt sind, kann es Jahre dauern, bis es ihnen möglich ist, eine eigene Meinung zu erkennen und durchzusetzen, ohne Gewissensbisse und Schuldgefühle zu bekommen, da hilft kein Jammern oder Wehklagen, da hilft nur handeln. Je intensiver jedoch diese inneren Dialoge geführt werden, die das eigene Verhalten untermauern und absichern, desto schneller wird sich das Selbstanklagen legen. Es geht sicher nicht von heute auf morgen.
Wenn Sie beginnen, es sich selbst recht zu machen, bleibt Ihnen keine Wahl. Sie werden das schlechte Gewissen eine ganze Zeitlang als unangenehmen Begleiter hinnehmen müssen. Ein kleiner Trost: Eine Wunde, die juckt, heilt.

Das eigene Tempo finden und Kräfte sammeln

Jeder Mensch braucht Zeit, sich auf neue Realitäten einzustellen. Die Veränderungen, die Sie anstreben, erreichen Sie nicht in wenigen Schritten. Sie werden sich vorbereiten müssen, trainieren und die eigenen Fähigkeiten Stück für Stück entwickeln. Ein Jahr ist eine vernünftige Planungseinheit.

Selbst erfahreneren bösen Mädchen passiert es, daß ein gesetztes Ziel plötzlich übermächtig und unerreichbar erscheint. Dann helfen keine Gewaltakte, eher schon eine kleine Pause, in der Sie wieder Kraft tanken, sich alle Einzelheiten des Weges nochmals in Ruhe vor Augen führen und festlegen, wie schnell Sie auf das Ziel losmarschieren.

 Die beste Art, sich auf solche notwendigen Erholungsphasen einzustellen: Legen Sie sich ein kleines Register an, tragen Sie alle Dinge ein, die Ihnen guttun könnten, vom Saunabesuch über Schwimmengehen zum Kinobesuch, Radfahren, ins Fitneßstudio, zur Massage oder zum Friseur gehen, einen Stadtbummel, einen Cafébesuch machen oder am Abend zwei Stunden früher mit einem Buch ins Bett gehen. Finden Sie Ihre Fitmacher, und wenn Sie ausgebrannt oder überdreht sind, brauchen Sie nicht mehr lange nachzudenken, was Sie wieder in Form bringen könnte. Ein Griff in den Zettelkasten genügt, und Sie können zwischen vielen guten Ideen wählen.

Plötzlich taten alle, was ich wollte

Wenn die Lust und die Fähigkeit, deutlich Einfluß auszuüben, richtig gewachsen ist, kommt plötzlich der Moment, in dem Sie spüren, daß andere Menschen Wachs in Ihren Händen sind, daß sie Ihnen mehr Macht über sich einräumen, als Sie erwartet haben oder haben wollten. Besonders Frauen, die einen großen Sprung nach vorn machen in ihrer Durchsetzungskraft, tun gut daran, sich auf diese Veränderung vorzubereiten.

Magdalene war stellvertretende Abteilungsleiterin. Gute Ideen, die sie ausprobierte, wenn die Leiterin in Urlaub war, mußte sie oft wieder zurücknehmen, weil die Vorgesetzte ziemlich unbeweglich war. Ihre letzte Neuerung, ein Besprechungsfrühstück, lehnte die Abteilungsleiterin als »Kaffeeklatsch« ab und wollte diesem »Unsinn« ein Ende bereiten.
Mutiger geworden bestand Magdalene darauf, dem Modell einige Wochen Bewährungszeit zu geben. Als schließlich sogar andere Abteilungen es rasch übernahmen, war die Abteilungsleiterin von der Resonanz beeindruckt, denn der Ruhm färbte auch auf sie ab. Seitdem fragt sie Magdalene nach Ideen und Vorschlägen, wenn Entscheidungen anstehen oder Neuerungen umzusetzen sind. Als sie Magdalene sogar bat, sie in einer Konferenz der Abteilungsleiter zu vertreten, war diese völlig perplex. Erst ein Gespräch in der Mittagspause mit einer befreundeten Kollegin machte ihr bewußt, was geschehen war: »Merkst du nicht, daß du im Moment die Abteilungsleiterin bist?«
Selbst ein Ehemann oder Partner, der plötzlich beginnt, die Vorschläge seiner Partnerin aufzugreifen oder selbständig Hausarbeit übernimmt, kann eine Frau zu irritiertem Staunen bringen. Der Mann, der gelassen sagt: »Wenn du meinst, daß ich das tun sollte«, löst vielleicht den Impuls aus zu sagen: »Ist schon gut, vergiß es, nicht nötig.« Soviel Nachgiebigkeit oder Akzeptanz kann frau dann doch (noch) nicht aushalten.
Jahrelange Zurückhaltung hat bei vielen Frauen ein Tabu entstehen lassen: »Ich darf über das Leben anderer Menschen nicht bestimmen.« Und aus lauter Angst, genau dies zu tun, merken sie nicht, daß es darum gar nicht geht.
Es muß Ihnen gleichgültig sein, ob sich Ihr Gegenüber manipuliert oder überzeugt fühlt:

Jede(r) muß selbst dafür sorgen, das zu bekommen, was sie oder er will.

Sie müssen sich auf die Stabilität Ihres Gegenübers verlassen können, Sie dürfen erwarten, daß sie oder er selbst dafür sorgt, Grenzen zu setzen und überzogene Forderungen zurückzuweisen. Solange es keine solche Zurückweisung gibt, muß Ihre Devise lauten: fordern, fordern, fordern. Es ist allein die Sache Ihres Gegenübers, sich darauf einzulassen oder nicht. Er hat jederzeit das Recht (sogar die Pflicht), nein zu sagen, auf Korrekturen zu bestehen oder einen Kompromiß auszuhandeln. Andernfalls lebten wir in einer verrückten Welt: jeder wäre darauf bedacht, dem anderen nichts abzuverlangen. Es liefe auf totalen Stillstand hinaus.

Die Waffen der bösen Mädchen

Ich weiß, was ich will

Die Gewichtung zwischen den eigenen Wünschen und der Rücksicht auf andere ist schwer. Viele Frauen nehmen ihre Bedürfnisse aber nicht mehr wahr. Sie glauben irgendwann, das zu wollen oder auch gut zu finden, was andere vorschlagen. Sie fühlen sich unzufrieden und wissen nicht warum.

Wenn Sie herausfinden wollen, wo Ihre Wünsche und Ihre Interessen liegen, dann stellen Sie sich die Frage: Was würde ich tun, wenn ich jetzt allein und unabhängig (auch finanziell) entscheiden könnte? Sie müssen nicht gleich Ihr ganzes Leben umkrempeln, richten Sie Ihre Frage zuerst auf den Alltag. Wie könnte Ihre Freizeit an einem ganz normalen Tag aussehen? Suchen Sie nach Dingen, die Sie gerne täten, aber im Moment nicht wahrmachen: Musik hören, Spazierengehen, ein Buch lesen, ein Besuch im Kino, Theater, Konzert. Oder gibt es eine andere Freizeitaktivität, die Ihnen gefällt, aber dennoch nur sehr selten stattfindet? Von Tennisspielen über Joggen bis hin zum Mountainbike fahren, Wandern, Tanzen oder Bummeln?
Schütteln Sie jedes »Das geht doch nicht!« wieder ab. Im Gegenteil, fragen Sie immer:
- *Wie könnte diese Idee Wirklichkeit werden?*

- *Wer könnte mitmachen?*
- *Müßte ich mich von irgendwelchen Verpflichtungen verabschieden?*
- *Wo bin ich bereit, Abstriche zu machen, um das zu bekommen, was ich mir wünsche?*

Der erste Schritt, um herauszufinden, was man wirklich will, besteht darin, für ein gutes Lebensgefühl zu sorgen. Sauertöpfisch oder deprimiert läßt sich nicht erkunden, welches Vergnügen das Leben zukünftig bringen soll.
Stellen Sie sich auch die Frage, was Sie eigentlich *nicht* tun wollen: anderen nachräumen, allein für die Hausarbeit zuständig sein, vor dem Fernseher sitzen, immer in dieselbe Kneipe gehen, ständig dieselben Leute sehen, den Ablauf des Wochenendes schon genau vorhersagen können.
Was würde geschehen, wenn Sie das, was Sie wollen, wirklich täten, und das, was Sie nicht wollen, wirklich lassen würden? Spielen Sie diese Fragen doch in der Phantasie einmal durch!
Ilona fand: »Ich arbeite acht Stunden am Tag, also bleiben acht Stunden für Lebenslust. Ich nahm mir vor, genausoviel Energie in Erholung wie in Arbeit zu stecken.«
Rigoros legte sie fest: Eine Stunde pro Tag für Putzen und Waschen sind genug. Das waren die Dinge, die sie nicht gern machte. Sportlich war sie schon immer, das war in den letzten Jahren viel zu kurz gekommen. Jetzt reservierte sie mindestens eineinhalb Stunden am Tag für Joggen, Reiten und Eislaufen, ihre größte Leidenschaft. Und da ihr diese Aktivitäten nur mit Freunden wirklich Spaß bereiteten, animierte sie ihren Bekanntenkreis mitzumachen. Für Reiten und Eislaufen mußte sie mehrere Partner gewinnen. Die Freunde kamen bei soviel Tatendrang einfach nicht mit.
Nach zwei absoluten Aktivwochen fühlte sich Ilona

allerdings richtig mies. Sie war sauer auf den Reitpartner, das Pferd und sich selbst. »Ich wußte nicht, was los war. Bis mir auffiel, daß ich vergessen hatte, auch Nichtstun gehört zur Freizeit.« Seitdem hat sie eine Rubrik »Faulenzen« im Terminplan.
Tauschen Sie, wo immer möglich, Unangenehmes gegen Vergnügliches. Gehen Sie davon aus, daß das sehr viel öfter möglich ist, als Sie es sich bislang vorstellten.

Große Wünsche

Wenn Sie gelernt haben, Ihren Alltag so einzurichten, daß er eine gute Mischung aus Dingen enthält, die Sie genießen können, und Aufgaben, die erledigt werden müssen, beginnt die Suche nach den größeren Wünschen.
Lassen Sie sich bei der Suche nach langfristigen Zielen, z. B. beruflichen Herausforderungen, von einem neuen Grundsatz leiten: Loten Sie Ihre Möglichkeiten gelassen aus. Halten Sie die Augen offen für alle Angebote, die sich bieten. Gewinnen Sie Stimmungsbilder für ganz unterschiedliche Angebote, spielen Sie viele Zukunftsvarianten durch. Mitunter muß man auf die richtige Chance warten und beherzt zugreifen, wenn man bei einem bestimmten Angebot spürt: »Das ist genau das, was ich schon immer wollte.« Trauen Sie Ihrem Gefühl. Werfen Sie viele kleine Steine ins Wasser, wenn Sie eine berufliche Neuorientierung suchen, sprechen Sie mit möglichst vielen Leuten über Ideen und Vorschläge. Sammeln Sie Informationen über vernünftige, aber auch über ein bißchen verrückte Angebote.
Aus den vielen durchgespielten Ideen wird mit der Zeit etwas Konkretes. Zuerst sind es nebulöse Vorstellun-

gen, die sich immer stärker verdichten: *So oder ähnlich könnte etwas aussehen, das mir Spaß macht.* Für gute Chancen muß man die Augen wirklich überall haben, wenn dann die Gelegenheit kommt, wissen Sie sofort, jetzt müssen Sie zugreifen. Steuern Sie mit aller Kraft darauf zu.

Kerstin lernte ich im Studium kennen. Nach einem frustrierenden Betriebswirtschaftsstudium sollte Psychologie endlich ihren Horizont öffnen. Voller Elan stürzte sie sich auf das neue Fach, um sehr bald zu merken: Es ist kopflastig, unpraktisch, lebensfremd. Kerstin war aber ein zähes Energiebündel. Zwar verabschiedete sie sich innerlich von den Inhalten, aber für Prüfungen lernte sie eisern und erfolgreich. Daneben handelten sie und ihr Freund mit Kraftfahrzeugen. Er hatte den notwendigen technischen Sachverstand, sie die Fähigkeit, preiswert ein- und mit gutem Gewinn wieder zu verkaufen.

Wer Autos verkauft, kann auch die passende Versicherung mitverkaufen, also bearbeitete Kerstin mit der ihr eigenen Gründlichkeit den Versicherungsmarkt. Parallel zum Studienabschluß eröffnete sie ein Versicherungsbüro für Frauen. Bald erkannte sie, daß Frauen auch einen hohen Beratungsbedarf in Geldsachen haben. Und auch hier packte sie die Gelegenheit beim Schopf und spezialisierte sich auf deren Wünsche, denn ihre Kundinnen schlugen die Hände über dem Kopf zusammen, wenn sie von einem Vermögensberater riskante Anlagen vorgeschlagen bekamen. Kerstin fand für viele die richtige Mischung aus Sicherheit und Risiko.

Jahre später schilderte Kerstin ihre Strategie so: »Ich habe immer darauf geachtet, daß mir das, was ich tue, richtig Spaß macht. Die Studien waren eher langweilig, die habe ich abgeschlossen, weil ich nicht gut aufgeben kann, wenn ich einmal etwas angefangen habe. Ich habe darauf geachtet, daneben etwas anderes zu tun, das mich wirklich gereizt hat. Meine beiden Abschlüsse haben mir im Job sehr geholfen, aber zu verkaufen und zu handeln war immer der viel größere Genuß. Zugegeben, Geld hat mich immer fasziniert, und ich glaube, ich bin ein echter Egoist.«

Der innere Dialog

Sicher habe ich Sie jetzt inspiriert, Dinge auszuprobieren. Sie haben erfahren, daß es schwierig sein kann, Neues in Ihr Leben zu integrieren. Akzeptieren Sie: Nichts klappt sofort, und mit Murphy: Alles was schiefgehen kann, geht irgendwann auch schief.
Erinnern Sie sich an Ihre inneren Aufmunterungssätze: »Jetzt mach doch mal!«, »Das ist doch nicht so schwer!«, »Jetzt wird es aber Zeit!«, »Langsam muß ich mich aber wirklich aufraffen« oder »Hoch mit dem Hintern!«
Dieser innere Ansporn ist die beste Methode, einen einmal eingeschlagenen Weg, eine getroffene Entscheidung zu stabilisieren. Menschen sind Gewohnheitstiere. Ohne innere Kontrolle – und das sind innere Dialoge – fallen wir zum schlechten Schluß fast immer in die alten Gewohnheiten zurück.

Diskutieren Sie mit sich (und guten Freunden) über die Vorteile, Nachteile, Risiken und Chancen einer Veränderung. Unterstützen Sie jedes neue Verhalten mit einer inneren Aufmunterung. Begleiten Sie sich mit der Botschaft: »Es ist richtig, daß du..........!« Spornen Sie sich an: »Mach weiter, halt durch, du bist auf dem richtigen Weg.« Und ganz konkret: »Du

darfst dir das nicht gefallen lassen, sonst kannst du dich morgen nicht ausstehen!«
Sie wollen sich stärker durchsetzen? Dann beginnen Sie so:
Wenn Sie etwas ärgert, fragen Sie: »Kann ich das hinnehmen, oder will ich mich wehren, und wie kann ich mich wehren?«

Lea, eine etwas schüchterne Assistentin, litt sehr unter dem Körpergeruch eines Kollegen, mit dem sie häufiger in einem Raum arbeiten mußte. Der hielt Waschen oder Desodorieren offensichtlich für überflüssig. Sie war unsicher, ob sie das Recht hätte, ihn auf etwas so Persönliches anzusprechen, noch weniger wußte sie, wie sie solche Kritik anbringen könnte. Sie sorgte sich, wie er reagieren würde und ob danach das gemeinsame Arbeitsklima zerstört wäre. Schritt für Schritt fand sie zu einer Lösung. Sie mußte sich selbst überzeugen: »Du hast ein Recht darauf, nicht belästigt zu werden, auch nicht durch Gerüche.« Das brachte den Stein ins Rollen: »Ich darf ihn auf den Geruch ansprechen.« Und sie entschied, wie: »Wenn ich eine ruhige Minute abwarte und ihm dann erkläre, daß er den Geruch vielleicht gar nicht wahrnimmt, ist es für ihn nicht so schlimm.« Zum Schluß lag die größte Hürde vor ihr: »Du darfst dieses Gespräch nicht endlos hinauszögern, sonst wird es nur immer noch schwieriger.« Eine ganze Minute hat sie gebraucht von der Entscheidung »Jetzt spreche ich ihn an, jetzt muß ich es tun!« bis zum ersten Satz »Erich, ich muß dir etwas sagen, du merkst es vielleicht selber nicht, aber . . .«
Für manche Powerfrau mag es kein ernstes Problem sein, eine Sache in Angriff zu nehmen, aber für viele andere ist diese Aufgabe wirklich eine Herausforderung. Sie müssen sich überzeugen und spüren, daß sie

ein Recht haben, Forderungen zu stellen. Lea spielte genau durch, wie sie vorgehen würde. Sie legte sich mehrere Varianten zurecht, wählte die passende aus und handelte erst, nachdem sie eine Lösung sah.

Markante Leitsätze bilden

Für viele Menschen sind bestimmte Worte oder Redewendungen mit starken und eindeutigen Emotionen verknüpft, ähnlich wie bei Melodien oder Gerüchen.
Wenn Sie an das Wort *Stier* denken, verbinden Sie damit Stärke und Potenz. Denken Sie an *Elfe*, haben Sie ein zartes, kaum faßbares Wesen vor Augen.
Ein Wort stachelt an. Der beliebte Lehrer unterschied die Mädchen danach, ob es *wilde* oder *milde* waren, und nur die *wilden* schätzte er wirklich. Er hatte eine Stimmung bei den Mädchen geweckt, fast alle wollten *wilde* Mädchen sein. Wild, das hieß mutig, energiegeladen, anerkannt sein und war ein berauschendes Gefühl. Und wenn nur die *wilden* Mädchen im Laufschritt einen Berg erklommen, dann rannten eben alle, die *wild* sein wollten, wie besessen den Berg hinauf.
Ein Wort oder ein Begriff kann uns anstacheln. *»Ich werde aus meinem Herzen keine Mördergrube machen!«* ist ein starkes Bild, das uns anspornt zu handeln.
Leitsätze muß man in der Regel wachsen lassen, aber manchmal hört man sie irgendwo und spürt sofort, daß sie motivieren. Wichtig: Sie müssen positiv formuliert sein. Das Wort »nicht« schadet. »Ich will nicht verlieren« ist eine schwache Formulierung, wir denken mehr an verlieren, obwohl wir doch ganz anderes im Sinn haben. Die viel stärkere Botschaft heißt: *»Ich will gewinnen.«*

»Ich brauche meine Meinung nicht zu rechtfertigen« ist ein schlechter Satz, er wirkt negativ. Er hat keine Richtung, er fordert höchstens indirekt zu etwas auf. Viel besser ist der kraftvolle Satz: »*Ich habe ein Recht auf eine eigene Meinung.*«

✖ *Experimentieren Sie mit Leitsätzen. Schreiben Sie kraftvolle Sätze auf, stellen Sie die Botschaften heraus. Schreiben Sie groß, unterstreichen Sie wichtige Begriffe. Wenn Sie mögen, arbeiten Sie mit kräftigen Farben. Wenn Sie mehrere Leitsätze formuliert haben, nehmen Sie sich jeden Tag oder jede Woche einen anderen besonders zu Herzen, wenden Sie diesen Satz so oft wie möglich an.*

Wir denken immer

Selbst in brenzligen Situationen führen wir den inneren Dialog mit uns selbst. Einer guten Reiterin ging das Pferd durch. Sie erinnert sich genau, daß sie dachte: »Ich kann jetzt Angst kriegen, dann werde ich sicher vom Pferd fallen. Oder ich zeige dem Gaul, wer der Herr ist. Für Angst ist später Zeit, jetzt muß ich handeln!« Sie zügelte das Pferd mit aller Kraft und lenkte es in einen großen Bogen, bis es zur Ruhe kam.
Eine beherzte Frau beschrieb eine andere bedrohliche Szene: Ein Hund setzte böse bellend über einen Zaun. Sie bekam Angst. Schon im Begriff davonzurennen, entschied sie in Bruchteilen von Sekunden: Der Hund ist schneller, weglaufen ist sinnlos. Sie drehte sich um, schrie den Hund an und lief auf ihn zu. Der erschrak, machte kehrt und sprang zurück über den Zaun.
Die Gedanken, die in Schrecksekunden durch unseren Kopf schießen, entsprechen im Prinzip denen, die wir

vorher, in weniger heiklen Situationen oder in der Phantasie, geübt haben. Deshalb ist es wichtig, furchtloses Denken und Handeln zu trainieren. In kleinen, scheinbar unwichtigen Situationen fällt das Üben leicht und in der Phantasie erst recht. So erwerben Sie beherzte Reflexe.
Unerschrockenheit ist nicht angeboren, sie wird in vielen alltäglichen Szenen trainiert und Schritt für Schritt gelernt!

Mit kleinen Aktionen starten

Jeder würde dem Chef gern manchmal eine clevere, patzige Antwort geben. Doch keinem ist Schlagfertigkeit in die Wiege gelegt. Wer immer kuschte, dem wird die pfiffige Erwiderung kaum spontan über die Lippen kommen. Erst die bissig frechen Bemerkungen zur Freundin, der Seitenhieb gegen die zickige Kassiererin oder die ironische Spitze gegen den lahmen Kollegen schaffen Erfahrungen und bereiten das freche Mundwerk dem Chef gegenüber vor.
Nehmen Sie jede Gelegenheit wahr. Üben Sie, sobald sich eine Möglichkeit bietet.

Sag doch endlich nein!

Gitta läßt sich von ihrem Kollegen überreden, ihm die Unterlagen für seine wichtige Besprechung mit dem Gebietsleiter vorzubereiten. Zahlen müssen zusammengetragen, Statistiken erstellt werden. Erst als sie damit begonnen hat, wird ihr klar, worauf sie sich eingelassen hat. Sie glaubt, nicht mehr zurückzukönnen: »Ich kann ihn doch jetzt nicht hängenlassen. Wer A sagt, muß

auch B sagen, er verläßt sich jetzt auf mich.« Besonders ärgerlich für Gitta war, daß sie von der Zentrale einen Rüffel erhielt, weil sie mit *ihrer* Vorplanung für das nächste Vierteljahr in Verzug geriet.
In einem Versicherungsbüro wird Freitag nachmittags die Datensicherung im Computer durchgeführt. Eine Angestellte muß ca. zwei Stunden warten, bis die Speicherung abgeschlossen ist, schaltet dann die Anlage ab und kann nach Hause gehen. Eigentlich sollte jede Mitarbeiterin im Wechsel einmal diese ungeliebte Aufgabe übernehmen, aber Ria, die treue Seele, ist diejenige, die nicht nein sagen kann, wenn wieder einmal jemand sie bittet, diese Zeit im Büro zu bleiben.

Sicher ist Großzügigkeit ein netter Zug, aber sie darf nicht einseitig werden und schon gar nicht so weit gehen wie in den erwähnten Beispielen. Wenn Sie stets helfen, Ihnen aber selten eine Unterstützung gewährt wird, oder wenn Sie sich für andere aufreiben, könnte Ihre Veränderung so beginnen:
Sucht jemand Ihre Unterstützung und Ihnen fällt es schwer, gleich richtig nein zu sagen, dann gewinnen Sie etwas Zeit, sich auf das Nein vorzubereiten. Sagen Sie: »Vielleicht«, »Das kann ich noch nicht sagen« oder: »Ich muß erst schauen, ob ich Zeit habe.« Jede halbwegs gute Ausrede ist besser als ein Frondienst. Stärken Sie sich selbst den Rücken durch den inneren Dialog: »Du wolltest Neinsagen üben, hier ist die Gelegenheit. Keine Ausreden mehr.« Und eine Viertelstunde später lehnen Sie ab: »Es geht nicht, tut mir leid!« Oder, wenn der Ärger inzwischen hochgekocht ist: »Immer ärgere ich mich, ich komme mir vor wie der hilfsbereite Trottel, jetzt ist Schluß.« Oder ganz nüchtern: »Tut mir leid, ich will nicht!«

Jemandem nein zu sagen, dem man sich verpflichtet fühlt, auch wenn man ihn nicht sonderlich mag, ist schwer genug. Einem netten Menschen einen Wunsch abzuschlagen, fällt besonders schwer. Es gelingt nur, wenn Sie sich vor einer Antwort die Folgen eines »Ja« möglichst genau ausmalen. Der Widerwille gegen die erwarteten Belastungen liefert die Energie, das Nein bestimmt vorzutragen und zu vertreten.
Stehen Sie zu Ihrem Nein.
Viele Menschen, die Schwierigkeiten haben, nein zu sagen, glauben, sie müßten gute und stichhaltige Gründe für ihre Ablehnung haben. Sie wünschten sich, daß der Fragende ihr Nein akzeptiert. Doch damit geben sie die Entscheidung aus der Hand, denn niemand fragt nach einer Gefälligkeit, um eine Ablehnung zu bekommen.
Diskutieren Sie Ihr Nein auf keinen Fall.
Letztlich gibt es nur ein klares Argument für ein Nein: »*Ich will nicht!*« Es braucht keine weitere Erklärung. Argumente dienen ausschließlich der Erläuterung, gehen Sie sparsam damit um, Sie geben dem anderen nur einen Anlaß zu weiterer Diskussion. Wenn Sie einmal nein gesagt haben, schadet jede weitere Erklärung.
Ihr Nein wird eher hingenommen, wenn Sie mit fester, entschlossener Stimme sprechen.
Ihre Stimme muß Ihre Entschlossenheit ausdrücken: Üben Sie den Tonfall, achten Sie darauf, ihn beizubehalten. Lieber einmal geräuspert als jämmerlich oder zögerlich gesprochen.
Sehen Sie den Menschen an, dem Sie nein sagen.
Jedes Abwenden oder Wegsehen signalisiert Unsicherheit. Beenden Sie das Gespräch oder wechseln Sie das Thema, nachdem Sie das Nein eindeutig ausgesprochen haben.
Nehmen Sie hin, daß der andere unter Umständen

in Schwierigkeiten kommt. Er wird enttäuscht sein, sich unbehaglich fühlen, wütend sein, Sie angreifen, mehr Arbeit haben, Unbequemlichkeiten in Kauf nehmen müssen, sich abgelehnt fühlen. Sie werden böse Blicke und negative Reaktionen aushalten müssen.
Akzeptieren Sie: Ihre Argumente können dem anderen nicht das schlechte Gefühl nehmen. Niemand freut sich, wenn er ein Nein hört.
Rechnen Sie mit dem eigenen schlechten Gewissen.
Lassen Sie zu, daß Sie sich für einen kurzen Moment schlecht fühlen, wenn Sie nein sagen, bleiben Sie dennoch dabei.
Besser mit schlechtem Gewissen nein sagen, als mit gutem Gewissen ja sagen und sich später ärgern.
In der Regel fühlt sich der, der ein Nein hört, persönlich getroffen. Auch ein Nein in der Sache wird als Ablehnung der eigenen Person verstanden. Zeigen Sie dem Betroffenen, daß er als Person akzeptiert bleibt, auch wenn Sie in diesem konkreten Fall seinen Wunsch ablehnen.
Vielleicht fällt es Ihnen besonders schwer, einem Menschen, den Sie nicht leiden können, eine Bitte abzulehnen, weil Sie fürchten, Ihr Nein würde Ihre Abneigung sichtbar werden lassen. Gestehen Sie sich ein, daß Sie den Bittenden nicht mögen und nein sagen wollen. Im Privaten sollten Sie Ihre Antipathie nicht gänzlich verstecken. Nein sagen fällt dann leichter.
Im Beruf sind Sie gezwungen, sachlich zu kooperieren. Zu Gefälligkeiten sind Sie nicht gezwungen, Sie können sie daher gelassen ablehnen. Nur wenn sie auf Gegenseitigkeit beruhen, dienen sie dem Betriebsklima. Gefälligkeiten werden auf Dauer keine Antipathie verbergen können, weder im Beruf noch im Privatleben. Sie können sich daher die Mühe sparen, sie zu verstecken.
Und noch ein Irrtum: Einseitige Gefälligkeiten machen

den Nutznießer zum Schuldner. Das verleitet zu der Annahme, man könne unangenehme Menschen durch das Erweisen von Gefälligkeiten in die Pflicht nehmen. Dieser Versuch ist zum Scheitern verurteilt: Zum einen merkt der Schuldner unter Umständen nicht, daß er noch eine Rechnung offenstehen hat. Zum anderen werden Sie sich als »Gläubiger« schwer tun, die Gegenleistung einzuklagen.

 Prüfen Sie, ob Sie in der Gefälligkeitsfalle sitzen: Gewähren Sie zwei Tage lang keinerlei Gefälligkeiten, weder Freund noch Feind!
Begegnet man Ihnen daraufhin mit Druck, Ärger oder moralischen Vorhaltungen, wird es höchste Zeit, das Neinsagen zu üben.

Verlangen Sie etwas zurück

Eine Mutter von Zwillingen, sie lebt in einem kleinen Dorf, erzählte mir, daß sie für ihre Freundin an einem Nachmittag und frühen Abend den Babysitter gespielt habe, obwohl sie selbst in eine Ballettaufführung wollte, die nur an diesem einen Abend in der Stadt gegeben wurde. Die Freundin hatte einen wichtigen Vorstellungstermin, der sich durch die Rückfahrt bis in den frühen Abend zog. Ein bißchen zerknirscht willigte die Zwillingsmutter ein: »Für eine gute Freundin muß eine Frau auch verzichten können.« Schließlich hing für die Freundin viel von ihrer Hilfe ab.
Eine Woche später wollte die Zwillingsmutter an einer Abendveranstaltung ihrer Partei teilnehmen. Sie bat die Freundin, auf ihre Kinder aufzupassen, aber die hatte keine Zeit, weil sie sich mit Freunden zum Bier verabredet hatte.

Selbst während sie mir die Geschichte erzählte, war die Zwillingsmutter noch wütend auf die Freundin. Meine Frage, ob sie ihr klar gesagt habe, daß sie eine Gegenleistung erwarte, brachte sie allerdings ins Grübeln. Nein, das habe sie nicht, Freundschaftsdienste beruhten selbstverständlich auf Gegenseitigkeit, schließlich wolle sie nicht um Selbstverständliches betteln. Das sei auch keine echte Freundschaft mehr.

Auf meine Erwiderung, dann sei ja alles in Ordnung, offensichtlich habe sie der Freundin den Abend doch schenken wollen, wurde sie nachdenklich. Soweit wollte sie – zumindest in diesem Fall – nicht gehen. »Irgendwie erwarte ich schon Dankbarkeit. Erst jetzt kapiere ich, daß es letztlich darauf hinausläuft. Ich will nicht immer nur schenken. Bis jetzt habe ich geglaubt, daß eine Gegenleistung selbstverständlich ist.« Ist sie aber nicht.

Erwarten Sie Gegenleistungen!

Prüfen Sie, ob Sie schenken wollen oder tauschen: Macht es mir irgendwie Vergnügen, tue ich es gern für den anderen oder fällt es mir eher schwer? (Natürlich kann man auch für Dinge, die man gern tut, eine Gegenleistung erhoffen oder erwarten.)

Sobald Sie ahnen, daß Sie jemandem einen Gefallen nicht aus vollem Herzen tun wollen, sobald Sie bei einer Gefälligkeit, einem »Freundschaftsdienst« ein mulmiges Gefühl haben, müssen Sie die Frage nach der Gegenleistung stellen.

Für gewöhnlich kommt der richtige Ärger erst später, wenn das Ungleichgewicht zu deutlich wird, Sie über lange Zeit gefällig waren und nichts zurückkam, nicht einmal ein Dankeschön.

Sie haben nichts zu verschenken, jedenfalls nicht an jeden und nicht jederzeit. Falls Sie Zweifel haben: Im Geschäftsleben wird sehr auf das »eine Hand wäscht die andere« geachtet. Wörtlich wird das durch die Botschaft vermittelt: »Jetzt hab ich etwas gut bei dir.« Und seien Sie sicher, wer im Geschäftsleben diese Regel verletzt, der trägt sein schweres Paket allein, und niemand hält ihm die Tür auf.

Achten Sie auf den Ausgleich in allen Lebensbereichen, im Beruf unter Kollegen, in der Nachbarschaft, mit Ihren Kindern und mit Ihrem Partner. Selbst im Bett ist die Frage nach der Gegenseitigkeit legitim, wenn nicht gar notwendig. Lassen Sie sich weder von sich selbst noch von anderen davon abbringen. Wenn Sie auch nur den leisen Verdacht hegen, daß jemand nur widerwillig oder gar nicht zurückgeben will, müssen Sie diesen Punkt ohne Umschweife zur Sprache bringen. Sonst sind Sie das Opfer, die Dumme, die Verschaukelte. Damit muß Schluß sein.

Selbst mit guten Freundinnen sollten Sie »Verträge« schließen, wenn Sie einen Gegendienst erwarten. Der Satz »Denk dran, ich hab was gut«, stellt klar. Die Furcht, Freundschaften auf diese Weise aufs Spiel zu setzten, ist unbegründet. Im Gegenteil, diese Klarheit ist ein Baustein, offener miteinander umzugehen, denn sie verhindert den heimlich wachsenden Groll, der in einer Freundschaft die Stimmung verhageln kann.

 Wenn Sie von anderen nichts oder wenig für das zurückbekommen, was Sie investiert haben, fragen Sie sich: »Was will ich dafür (zurück)haben?« Bringen Sie das Ihrem (Vertrags-)Partner gegenüber klar zum Ausdruck.

Überlegen Sie: Wem helfe ich, wem bin ich gefällig?
Welche Gefälligkeiten erhalte ich im Gegenzug?

Sie helfen beim Umzug oder beim Renovieren. – Wer hilft Ihnen?
Sie bringen anderen oft etwas vom Einkaufen mit. – Wer fragt Sie, ob Sie etwas brauchen?
Sie fahren einen Umweg, um auch andere Kinder mitzunehmen. – Wer nimmt Ihre Kinder mit?
Sie laden zum Essen ein. – Wer lädt Sie ein?
Sie erledigen die Kopierarbeit/Ablage für die Kollegin. – Wann geht sie Ihnen zur Hand?
Sie übernehmen x-mal die weniger angenehmen Arbeiten. – Wer nimmt Ihnen Unangenehmes ab?
Sie bleiben abends länger, wenn es sein muß. – Wer tut dies außer Ihnen?
Sie sprechen sich mit Kollegen ab, bevor Sie Ihren Urlaub eintragen. – Wer fragt, wann Sie Urlaub machen wollen?
Sie sind bereit, Dienst und Schicht zu tauschen. – Wer bietet sich an, für Sie einzuspringen?
Sie setzen sich bei gemeinsamen Dienstreisen in den Wagen des Kollegen, er bekommt das Kilometergeld. – Bekommen Sie etwas zurück? Wechseln Sie ab?
Vielleicht stellen Sie fest, daß Sie es sind, die immer drauflegt. Vielleicht finden Sie heraus, daß es immer die gleichen sind, die nehmen, ohne zu geben.
Wenn Sie spüren, daß Sie innerlich aufgebracht oder enttäuscht sind, dann toben Sie sich aus und schimpfen Sie lauthals los, wenn Ihnen danach ist. Zuerst vor sich hin, nicht gegen die anderen, jedenfalls vorläufig nicht, denn die haben Ihre Gegenforderungen noch nicht abgelehnt. Später, wenn Sie sich wieder im Griff haben, machen Sie den anderen deutlich, daß Sie verärgert sind.

✖ *Sobald Sie wieder klar denken können, legen Sie los: Beginnen Sie damit, niederzuschreiben, mit welchen Überlegungen Sie sich auch dann zu einer Gefälligkeit bewegen lassen, wenn Sie im Grunde genau wissen, daß es wahrscheinlich keine oder keine adäquate Gegenleistung gibt.*

Achten Sie auf den fairen Tausch. Natürlich muß nicht immer Gleiches mit Gleichem vergolten werden, es kommt darauf an, daß beide Seiten das Gefühl haben, Geben und Nehmen sind ausgewogen.
Wer weiß, daß er zurückgeben muß, wird viel bedachter seine Bitte nach Unterstützung äußern als jemand, der erfahren hat, daß er fast alles geschenkt bekommt.
Im Berufsleben werden Sie für Ihre Leistungen bezahlt, aber auch dort muß das Verhältnis zwischen Bezahlung und Leistung stimmen. Ein etwas kurioses Beispiel erlebte ich nach einer Lesung in einer Großstadt. Die Besitzerin eines Stoffladens sandte mir einen kurzen Brief und die Kopie eines Schreibens, das sie von einer Frau erhalten hatte, die sie als Aushilfe einstellen wollte. Die Aushilfe war erbost über einen Stundenlohn von 12 DM. Sie bezog sich auf das »Böse-Mädchen-Buch« und schrieb, daß sie es sich nicht leisten könne, zu einem solchen Stundensatz zu arbeiten, denn sie müsse ihren Lebensunterhalt damit bestreiten, und das ginge bei einer solchen Bezahlung auf keinen Fall. Die Ladeninhaberin sah diese Auseinandersetzung als Zeichen, »wie Ihr wunderbares Buch mißverstanden werden könnte«. Sie hatte schon eine Aushilfe für 12 DM und glaubte meine Zustimmung zu finden, daß die Briefschreiberin doch wohl über das Ziel hinausgeschossen wäre. Sie war etwas überrascht, daß ich deutlich anderer Meinung war. Ich teilte nämlich die Ansicht der erbosten Aushilfe, die eine angemessene Bezahlung wollte.

Allerdings hätte sie etwas geschickter taktieren können, denn die Stelle abzulehnen, war eher eine Trotzreaktion. Cleverer wäre es gewesen, Forderungen zu stellen, zu verhandeln und zu zeigen, welchen Nutzen die Besitzerin durch eine teure, aber kompetente Aushilfe hätte.

Ich sag, was ich will

Souverän etwas zu fordern ist schwierig. Es verlangt ein hohes Maß an Selbstsicherheit. Wenn man Macht besitzt, ist es leichter, Forderungen zu stellen, aber hier geht es darum, zu fordern, ohne echte Macht zu besitzen.
In meinen Seminaren bitte ich die Teilnehmerinnen, einige Situationen zu beschreiben oder zu spielen, in denen sie jemanden um etwas bitten oder fordern. Die meisten stellen dabei fest, daß sie bitten, auch wenn sie glauben zu fordern. Oftmals gleicht das Bitten sogar einem Flehen, und deswegen erhalten sie selten, was sie wollen.
Bei vielen Frauen spielt die Befürchtung mit, daß sie ihr Anliegen ohnehin nicht durchsetzen werden und andere nur verärgern.
Doch solche Befürchtungen sind unbegründet. Eine Mutter hat nach langem inneren Ringen das Gespräch mit dem 14jährigen Sohn gesucht und ihn um mehr Mithilfe im Haushalt gebeten. Seine Antwort war für sie einigermaßen irritierend, denn er sagte ohne Zögern: »Sag mir genau, was du von mir willst. Ich kann schließlich nicht hellsehen.« Ungläubig begann die Frau, präzise Aufgaben zu stellen. Und ihr Sohn erledigte sie.

Klar und deutlich

Eine klare Sprache kann schon eine Menge bewegen.
Wenn Sie Ihr Kind bitten, »etwas ordentlicher zu sein!«, landen Sie garantiert einen Flop. Fordern Sie *so konkret wie möglich*: »Räum bitte deine Schulsachen in die Schublade, sobald du mit den Hausaufgaben fertig bist.«
Stellen Sie auch bei Ihrem Partner eindeutige Forderungen. »Könntest du heute die Kinder holen?« leistet Drückebergerei und Ausflüchten Vorschub. »Peter, hole um 15 Uhr die Kinder vom Sport ab, ich habe keine Zeit.« Oder: »Ich habe keine Lust!« klärt die Lage.
Im Berufsleben gilt das gleiche. »Wer macht heute abend Telefondienst?« in die Menge gefragt, in der Hoffnung einen Freiwilligen zu finden, scheitert meist. »Jana, übernimmst du bitte den Telefondienst heute abend zwischen 16 und 18 Uhr, ich muß pünktlich gehen« ist deutlich.

Unterscheiden Sie fordern und bitten

Ihr Sohn soll seine Sachen aufräumen, Sie fordern.
Ihr Mann ist an der Reihe, die Kinder zu holen, Sie fordern.
Ihre Kollegin ist mit Telefondienst dran, Sie fordern.
Ihre Schwiegermutter soll am Abend die Kinder hüten, Sie bitten und sagen genau, was Sie sich wünschen: »Kannst du heute zwischen 20 und 22 Uhr auf die Kleinen aufpassen?«
Ihre Freundin soll Ihre Diplomarbeit auf Rechtschreibfehler durchsehen, Sie bitten: »Die Arbeit hat ca. 120 Seiten, ich muß sie in 14 Tagen abgeben. Hast du Zeit und Lust, in dieser Woche Korrektur zu lesen?«

Sie bitten, wenn der andere Ihnen nicht verpflichtet ist.
Sie bitten, wenn Sie sich etwas wünschen.
Aber:
Sie fordern, wenn Ihnen etwas zusteht.
Sie fordern, wenn Sie etwas unbedingt wollen.

Das Zauberwort: ICH WILL

Wer bittet, statt zu fordern, darf sich nicht wundern, wenn er sich eine schnelle Ablehnung einhandelt. Wer seine Bitten mit geringem Engagement vorträgt, wird ebenfalls leicht zurückgewiesen. Der Angesprochene spürt nicht, daß es Ihnen wirklich wichtig ist. Letztlich ausschlaggebend ist immer Ihr persönlicher Einsatz, Ihre Überzeugungskraft, Ihr Wille, das zu bekommen, was Sie sich vorstellen.

Entwickeln Sie diese Überzeugungskraft. »*Ich will*« ist der innere Schlüssel dazu. Ob eine Bitte oder Forderung erfüllt wird, hängt entscheidend von Ihrer Person und von Ihrem Auftreten ab. Mit einem starken, sicheren, überzeugten »*Ich will*« von innen heraus schaffen Sie die beste Voraussetzung.

Der Weg zum »Ich will!« *verläuft so:*
Sammeln Sie ganz akribisch alle Argumente, die Ihre Bitte oder Forderung unterstützen. Bringen Sie Ihre Argumente in eine Rangfolge. Sparen Sie sich das beste Argument für den Schluß auf, starten Sie mit dem zweitbesten.
Machen Sie sich alle Druckmittel bewußt, die Sie einsetzen können (wirklich einsetzen sollten Sie Druckmittel äußerst selten, und wenn, dann möglichst nur angedeutet).
Verzichten Sie darauf, jammernd moralisch zu wer-

den, dieses Mittel weiblicher Überzeugungskunst ist ausgereizt.
Unterstützen Sie Ihr »Ich will!« durch starke Gedanken:
»Ich will es auf jeden Fall.«
»Ich werde wie eine Löwin kämpfen.«
»Ich werde so lange nachhaken, bis ich es erreicht habe.«
Diese Sätze sollten Sie wie eine Melodie, die Ihnen nicht mehr aus dem Kopf geht, begleiten.
Sobald Sie Ihr Ziel erreicht haben, sparen Sie sich weitere Argumente. (Sie schaden eher.) Klären Sie dann: wann, wie, wo, wie oft, wie lange, wieviel. Zurren Sie so die Zustimmung fest.

Für viele mag das heißen, in eine neue Rolle zu schlüpfen. Vielleicht hätten Sie vorher behauptet: »So verbissen und kämpferisch will ich nicht sein.« Sie haben das Bild von sich, verständnisvoll und freundlich zu sein, das Sie nicht aufgeben wollen. Aber durchsetzen möchten Sie sich doch. Hier ist es wie im Sprichwort: »Wasch mich, aber mach mich nicht naß!« gibt es nicht.
Testen Sie Ihre neuen Fähigkeiten als Kundin, die reklamiert.
Locken, motivieren, stacheln Sie andere an: zur Fahrradtour, zum Museumsbesuch, zum Wochenendtrip. Aber fordern Sie erst eine Gehaltserhöhung, wenn Sie die neuen Techniken gut beherrschen.

Erfolgreich streiten

Viele Frauen setzen ihre Belange nicht durch, weil sie nicht streiten wollen, sie erhalten eine Pseudoharmonie aufrecht, die keinem dient. Besonders in beruflichen

Diskussionen sinkt die weibliche Beteiligung deutlich ab. Es ist erschreckend, wie sehr Frauen zurückstecken, leiser werden, wenn es darum geht, profiliert und laut ihre Meinung zu vertreten, wenn es um die »großen« Dialoge geht. Während Männer systematisch ihre Überzeugungskraft trainieren, sehen manche Frauen darin schon den Versuch, andere aufs Kreuz zu legen oder reine Trickserei. Davon gilt es abzurücken. Frauen müssen ihre Lust steigern, auch verbal zu gewinnen. Böse Mädchen streiten gern ... und mit Erfolg.
Ich stelle Ihnen eine kleine Stufenleiter vor, die Sie Schritt für Schritt in eine mutigere Rolle führt. *Spielerisch* beginnen Sie damit, die Lust an der verbalen Auseinandersetzung zu steigern. Dann folgt das *Debattieren*, die Lust am argumentativen Kräftemessen. Sie verlangt wirksame Strategien, andere zu überzeugen. Wenn Sie zu den Frauen gehören, die mit Genuß und Erfolg diskutieren, dann sind diese ersten Abschnitte eine Wiederholung. *Kämpfen*, auch mit härteren Bandagen, das ist schon schwieriger. Es bedeutet, auch Aggressionen zuzulassen, eigene und fremde. Zum Schluß kommt das *Ignorieren*. Es ist leichter gesagt als getan. Doch die Mühe, es zu lernen, lohnt. Es ist eine äußerst nützliche Fähigkeit, in einem Disput weiterzukommen.

Besser spielerisch als gar nicht

Wenn Sie noch unerfahren in Streitgesprächen sind, sollten Sie zuerst lernen, spielerisch zu streiten. Schrauben Sie den Grad Ihres Widerstandes, die Stärke der Konfrontation in einer Auseinandersetzung nur langsam höher. Falls Widersprechen Ihnen noch Schwierigkeiten bereitet, beginnen Sie zuerst damit, *spielerisch* Widerstand zu leisten. Trauen Sie sich noch kein festes, selbstsicheres Nein zu, dann antworten Sie ironisch, antworten Sie in Frageform: »*Und was passiert, wenn ich es nicht tue, nicht akzeptiere?*« Oder: »*Muß das wirklich sein?*« Sie werden staunen, wie viele Menschen schon Ihren gespielten Widerstand ernst nehmen und akzeptieren. Verlassen Sie sich nicht darauf, aber rechnen Sie damit.

Isa ging seit vier Jahren fast jeden Donnerstag mit ihrem Mann Jörg zum Bowling. Leider fand sie »Kegeln« öde und die Kegelbrüder und -schwestern ebenfalls: »Allesamt Langweiler.« Genaugenommen wollte sie nie mit, aber der Donnerstagabend war eine stehende Einrichtung geworden. Isa wußte nicht, wie sie es Jörg sagen sollte. Sie fürchtete, ihn zu beleidigen. »Was hältst du eigentlich davon, wenn wir mal was anderes machen als Bowling spielen«, schlug sie eines Tages vor. Jörg fühlte sich den Kegelbrüdern verpflichtet: »Richtige Lust hab ich auch nicht, aber die anderen sind sauer, wenn wir nicht kommen!« Er wollte gehen, daran bestand kein Zweifel. »Was machst du, wenn ich nicht mitgehe?« Jörg war solchen Widerstand nicht gewöhnt, bisher war Isa immer auf ihn eingegangen. Er zog die Stirn in Falten, so wie er es tat, wenn er mit den Kindern ein »ernstes Wort« sprach. Isa blieb ruhig und setzte mit einem Lächeln nach: »Ja, ich glaube, ich bleibe zu Hause!« Sie sah, wie es in Jörg arbeitete. Er stand auf, lief einmal um den Tisch, setzte sich wieder und entschied: »Dann geh ich auch nicht!« Isa war verblüfft, so ernst war ihr das Ganze nicht, aber jetzt war sie froh, daß so wenig Widerstand ausreichte, einen ruhigen Abend zu Hause zu verbringen.

Bleiben Sie auch *innerlich* auf einer spielerischen Ebene, Sie lernen ganz automatisch, gelassener zu bleiben, auch wenn es Spannungen oder Dissonanzen gibt. Wenn Ihnen diese spielerische Form des Widerstands ohne große Anspannung möglich ist, dann zeigen Sie Ihren Widerstand deutlicher. Nehmen Sie das Lustige, das Theatralische immer mehr heraus aus Ihrer Stimme, aus Ihrem Blick, werden Sie ernst oder etwas ärgerlich. Und trainieren Sie den Rückzug ohne Gesichtsverlust: »O.K., dann mache ich es heute eben, hatte sowieso nichts Besseres vor.« Wenn Sie sich auf dieser spielerischen Ebene einigermaßen sicher fühlen, wechseln Sie zur nächsten Stufe.

Die Kunst der gewichtigen Seifenblase

Debattieren ist die hohe Schule der geistigen Auseinandersetzung oder ein geistiger Ringkampf, es kommt auf den Standpunkt an. Wenn Sie sich bisher gescheut haben, in diesen Ring zu steigen, nehmen Sie sich Zeit, ihn kennenzulernen. Es warten Überraschungen auf Sie. Viele großartig klingende Argumente sind es kaum wert, beachtet zu werden. Beim genauen Hinhören erkennen Sie: Alles nur Wort- und Satzhülsen, mehr nicht. Viele Frauen schrecken trotzdem davor zurück. Sie fürchten, intellektuell nicht mithalten zu können, den geistigen Tricks, Winkelzügen oder dem Sprachtalent ihres Debattengegners unterlegen zu sein.
Vielleicht plagen auch Sie solche Gedanken. Dann wäre es ein Weg, die spielerische Variante beim Debattieren vorzuschalten. Starten Sie Ihren Widerspruch durch Fragen:
»*Bist du sicher?*«
»*Kannst du mir das noch einmal erklären?*«
Stellen Sie sich wißbegierig dar:
»*Ich möchte gerne genau verstehen, was du sagen willst, kannst du es mir noch einmal erklären!*«
Auch Ihren Widerspruch kleiden Sie in Frageform:

»Kann es nicht auch anders sein?«
»Wenn ich es mir genau überlege, spricht nicht gegen deine Vorstellung, daß...?«
Wenn Sie zusätzlich Ihre schauspielerische Begabung einsetzen wollen, dann spielen Sie die »lernwillige Schülerin«. Tun Sie so, als wären die Inhalte, das Wissen Ihres »Lehrers« wichtig für Sie. Daß Sie in Wirklichkeit nur daran interessiert sind, seine Argumentationstechnik kennenzulernen, aber von seinen Inhalten weniger halten, bleibt ihm verborgen.
Wenn das Fragen leicht von der Hand geht, verschärfen Sie Ihren Widerstand, setzen Sie die universelle Formel ein, die andere oft aushebelt:
»Das überzeugt mich nicht!«
Schulen Sie Ihre Rhetorik. Formulieren Sie kompliziertere Beiträge. Lange Sätze mit verschlungenen Argumentationsketten sind ein spannendes Mittel, die Konzentration des Gegners zu testen und auszuhebeln.
Letztlich verbessern Sie Ihre Rhetorik besonders wirksam durch erlebte Beispiele. Merken Sie sich rhetorische Techniken, schlagfertige Antwortvarianten, pfiffige Ausdrucksweisen. Was Ihnen auch immer sprachlich gut gefällt, wenden Sie es an. Packen Sie stets die Argumente des Gegners mit in Ihre Argumentation: »Natürlich gibt es Nachteile (Argumente des Gegners), aber die Vorteile (Ihre Argumente) überwiegen.«

Unfaire rhetorische Techniken

Manche Debattenbeiträge entlarven sich erst beim genauen Hinhören als unfaire rhetorische Strategie. Ziel des Gesprächspartners ist es, Sie zu verunsichern. Unfaire Techniken sind nicht auf Anhieb zu erkennen. Häufig werden Behauptungen so selbstverständlich auf-

gestellt, daß sie scheinbar keiner Begründung bedürfen. Es soll Sie davon ablenken, daß Argumente fehlen. Bestehen Sie also gelassen auf einer Erläuterung.
Hier einige Beispiele für gute Antworten auf unfaire Strategien.* Die *bösen* Mädchen nehmen die Liste als Anregung, bei passender Gelegenheit selbst eine solche Strategie anzuwenden.

Behaupten, ohne zu begründen
»Es bedarf wohl keiner Begründung...«
»*Mir ist das alles noch unklar. Sag mir lieber genau, was du denkst.*« Oder einfach: »*Doch!*«
»Es liegt doch auf der Hand...«
»*Für mich ist die Sache nicht eindeutig...*«
»Das ist doch logisch...«
»*Ich sehe das nicht so, sag mir genau, was es für dich logisch macht.*«

Fragen, die verunsichern
»Woher weißt du das so genau?«
»*Ich habe mich informiert.*«
»Was glaubst du denn, wie die anderen auf deinen Vorschlag reagieren werden?«
»*Sie werden mir zustimmen!*«

Scheinbare Zustimmung macht mundtot
»Selbstverständlich hast du mit deinem Einwand recht. Allerdings...«
»*Sag mir konkret, wo du mir zustimmst?*«
»Ja, aber...«
»*Worauf bezieht sich dein ›Ja‹?*«

---

* In Anlehnung an Christiane Tillner/Norbert Franck: Selbstsicher reden. Ein Leitfaden für Frauen. München 1994.

Die Frauenfalle per se
Ihnen wird Kompetenz abgesprochen. Das versucht man(n) in der Regel so:
»Davon verstehst du nichts!«
»Dir fehlt doch die Erfahrung, um...!«
»Du weißt doch gar nicht, worüber wir reden!«
Ihre Antwort kann dann nur sein:
> »*Ich habe mich damit beschäftigt, bin alt genug, habe genügend Erfahrung und weiß was ich will!«*

Ihr Wissen, Ihr Verständnis, Ihre Kompetenz beweisen zu wollen, führte in eine Sackgasse.

Einige Regeln helfen, unfaire Angriffe abzuwehren:
- *Die Mehrzahl der unfairen Strategien können Sie ignorieren.*
- *Zahlen Sie nie mit »gleicher Münze« heim.*
- *Bleiben Sie sachlich.*
- *Bleiben Sie beim Thema.*

Wichtig:
- *Überlegen Sie, welche Wirkung diese Strategien auf Sie haben sollen.*
- *Bleiben Sie gelassen.*
- *Spiegeln Sie die Botschaft, die Sie zwischen den Zeilen hören. Andeutungen beantworten Sie mit: »Ich fühle mich jetzt unbehaglich, du deutest etwas an, und ich kann nur Vermutungen anstellen. Sag bitte genau, was du sagen wolltest!«*

Ein halbes Ja reicht aus

Je stärker wir beim Debattieren eine Absicht verfolgen, um so näher kommen wir dem Überzeugen. Überzeugen beginnt mit sich vorbereiten, Argumente sammeln, mögliche Einwände bedenken, bestimmen, wie bedeutsam die Argumente sind. In vielen Diskussionen schadet der Wunsch, den anderen stets mit seinem ganzen Inneren auf die eigene Meinung einzuschwören. Wenn Sie wollen, daß Ihr Mann Ihren Urlaubsplänen zustimmt, reicht es vollkommen aus, wenn er »Na, meinetwegen« gegrummelt hat. Er muß kein Loblied auf Ihre Vorstellungen singen oder sich freuen.

Viele Frauen treten den Rückzug an, wenn ihr Gegenüber sich nicht hellauf begeistert zeigt. Sobald die enthusiastische Zustimmung ausbleibt, kneifen selbst die schon etwas fortgeschrittenen bösen Mädchen. Da müssen Frauen umlernen.

Halten Sie sich vor Augen, daß es nur schadet, wenn Sie weiter argumentieren, nachdem der Gesprächspartner längst beigepflichtet oder den Vorschlag gebilligt hat. Frauen treiben dieses Spiel so weit, bis ihr Gegenüber sein Zugeständnis revidiert, weil er keine Lust mehr hat zu diskutieren oder sogar mißtrauisch wird.

In vielen Situationen reicht es vollkommen, wenn unser (Konflikt-)Partner *halbherzig* ja sagt. Weiteres Nachhaken schwächt unsere Position, wir werden unglaubwürdig und nicht mehr ernst genommen. Unsere Aufgabe ist es lediglich, sicherzustellen, daß es bei diesem Ja bleibt, unser Gegenüber sich später nicht aus der Verantwortung stiehlt, sondern entsprechend handelt. Sie müssen darauf bestehen, daß der andere hält, was er versprochen hat, auch wenn er oder sie sich zu der Zusage durchringen mußte.

Christine, eine Lehrerin, bittet ihren Direktor um die Zustimmung für eine Projektwoche mit ihren Schülern in einer Großstadt. Eigentlich ist alles klar, die Eltern sind dafür, die Kostenfrage ist geklärt, Zuschüsse gibt es sowieso keine. Der Direktor brauchte nur zu nicken. Nach ein, zwei Sätzen von Christine meint er etwas gelangweilt: »Na, dann ist ja alles klar.« Nun hätte sie nur zu sagen brauchen »Sie sind also einverstanden«, und den Raum verlassen können. Doch mit einem so schnellen Ja hat sie nicht gerechnet. Seinen gelangweilten Tonfall und die müde Geste interpretiert sie als Kritik und Erklärungsbedarf. Sie will überzeugen, er soll hinter ihren Ideen stehen. Sie beschreibt haarklein, was sie plant. Auch, daß sie mit den Kindern in eine Disco gehen und ihnen die Fixerszene zeigen will. Da platzt dem Direktor der Kragen, er herrscht sie an, so etwas käme überhaupt nicht in Frage, er würde diese Projektwoche untersagen. Und damit war diese Idee gestorben. Dumm gelaufen.

**Ich bekomme, was ich will
... mit Power**

Jetzt wird es für die meisten Frauen wirklich heikel. Zielgerichtet *kämpfen,* an einer Sache dranbleiben, nachhaken, gegen deutliche Widerstände arbeiten, die Niederlage eines anderen hinnehmen, das ist für viele Frauen echtes Neuland. Kämpfen klappt dann besonders gut, wenn Sie sich Ihrer Sache wirklich sicher sind. Und kämpfen bedeutet in der Regel »alle Register ziehen«, auch, sich heftig ins Zeug zu legen. Scheuen Sie sich also nicht, im passenden Moment laut zu werden, ein böses Gesicht zu machen und unter der Gürtellinie zu argumentieren, anders als beim fairen Streiten.
Wenn es Ihnen noch schwerfällt, Ärger, Siegeswillen oder Engagement deutlich zu zeigen, testen Sie die Sätze:
»Ich bin sehr verärgert.«
»Ich will auf jeden Fall!«
»Es ist mir sehr wichtig!«

Ein erstes *Nein* des Gegners läutet für die Kämpferin die nächste Runde ein, mehr nicht.

Ann-Marie wollte sich mit Simon zum Sambakurs anmelden. Er zog nicht mit, suchte nach Ausreden, schlug vor, lieber häufiger ins Kino oder essen zu gehen. Doch Ann-Marie hatte an derartige Absprachen nur schlechte Erinnerungen, die guten Vorsätze gingen im Alltagstrubel unter. Sie wollte eine regelmäßige gemeinsame Aktivität und schon immer Samba tanzen. Sie hakte kompromißlos nach, gab keine Ruhe. Sie wußte, daß er tanzen konnte, wenngleich sie selten in den Genuß gekommen war. Sie war überzeugt: Wenn sie ihm die Pistole auf die Brust setzt, genügend Druck macht, dann läßt er sich breitschlagen. Sie nannte ihn Pascha, lahm und ideenlos. Sie drohte, daß sie alleine oder mit anderen tanzen gehen werde. Sie setzte ihn unter Zeitdruck: »Wenn du dich bis Montag nicht entschieden hast, fange ich alleine an.« Sie fand den richtigen Ton zwischen harscher Provokation und ironischen Sticheleien. Simon gab auf: »Du läßt mir ja doch keine Ruhe.«

Ann-Marie hatte recht, ein bißchen Druck schadet nie. Letztlich ist eine Beziehung, in der es wenig Gemeinsames gibt, eine schlechte Beziehung. Wenn Ihr Mann/Freund vor gemeinsamen Aktivitäten flieht, ist das einzige Mittel, ihm die »Hölle heiß machen«. »Manche Männer brauchen das, sonst sind sie nicht glücklich«, lautete Ann-Maries ketzerische Erfahrung.

Wenn Sie erst merken, daß vieles, was Ihnen guttut und Freude macht, ohne Ihren Partner abläuft, ist die Beziehung um eine entscheidende Qualität ärmer. Ein wichtiges Argument, sich für gemeinsame Aktivitäten kräftig ins Zeug zu legen.

Wenn er dann aber mitzieht, seien Sie eine echte Gewinnerin: keine Vorhaltungen, kein Nachkarten, keine

Mäkelei. Freuen Sie sich, daß er dabei ist, tun Sie etwas dafür, daß Sie beide Spaß haben. Sparen Sie Ihre Energie für den ersten Rückzieher, denn der wird kommen. Beginnt er zu lamentieren, geht das kompromißlose Spiel von vorne los. »Ich will mich heute abend vergnügen, wenn du glaubst, stänkern zu müssen oder dich rächen willst, dann geh nach Hause. Ich laß mir den Abend nicht verderben, dann tanze ich mit einem anderen. Es wäre schöner mit dir, aber es geht auch ohne dich.«

Auch im Beruf ist Biß notwendig. Eine Bankangestellte beschwerte sich bei mir: »Immer trifft es mich, ich muß fast ausschließlich in der Kassenbox arbeiten.« Damit war sie ganz und gar nicht einverstanden. Sie sah sich in ihrer beruflichen Entwicklung beschnitten. Ich unterstützte sie. Sie hat ein Recht darauf, sich auch bei anderen Aufgaben zu bewähren, ihre Kompetenz zu zeigen, ihre Chancen für den beruflichen Aufstieg zu verbessern. Sie war eine kompetente, etwas zurückhaltende Frau. Ich legte ihr nahe, kompromißlos auf anderen Aufgaben zu bestehen. Mit Bitten und Diskutieren war sie bisher stets gescheitert, sie würde mit aller Kraft für ihre Karrierechancen kämpfen müssen.

Sie suchte das Gespräch mit ihrem Vorgesetzten, das brachte kein Ergebnis. Sie sprach mit dem Filialleiter, der verwies sie auf den Abteilungsleiter zurück. Dann schaltete sie den Betriebsrat ein und sprach mit der Personalabteilung. Zum Schluß führte sie ein sehr engagiertes Gespräch mit ihrem Vorgesetzten: »Ich werde so lange ackern, bis ich, wie alle anderen auch, Schalter- und Beratungsarbeit machen darf. Ich will nicht in der Kassenbox versauern. Sie sind auch für meine Qualifizierung zuständig. Es kann für beide Seiten nur gut sein, wenn ich vielfältige Erfahrungen sammeln kann und Praxis bekomme. Ich werde so lange immer wieder hier sitzen und Veränderungen verlangen, bis ich bekomme, was mir zusteht.« Der geballten Energie dieser Frau konnte sich auch der Abteilungsleiter nicht widersetzen. Heute ist sie Kundenberaterin und hat ein eigenes Büro in einer größeren Zweigstelle.

... und Raffinesse

Eine gewisse Lust auf den eigenen Vorteil sollten Sie immer verspüren und dann darum kämpfen. Wenn Sie bei einem größeren Einkauf die Chance verpassen, einen Rabatt auszuhandeln, dann schaden Sie Ihrem Geldbeutel und verzichten auf eine gute Gelegenheit, Ihr Durchsetzungsgeschick zu verfeinern.
Auch Raffinesse und Cleverneß oder eine gewisse schauspielerische Begabung sind nützliche Hilfen, das zu bekommen, was Sie wollen. Sie kennen oder ahnen die Stärken und Schwächen eines Menschen und setzen dieses Wissen zum eigenen Vorteil ein.
Wenn ein Mann, der Sie interessiert, einen Hund hat, und Sie das Tierchen ein bißchen kraulen und streicheln, ist das eine clevere Möglichkeit, den Mann näher kennenzulernen.
Wenn Sie den handwerklich begabten Nachbarn in ein Gespräch verwickeln und beiläufig Ihren defekten Wasserhahn erwähnen, und er ihn repariert, war das ein raffinierter Schachzug.
Wenn Sie im Beruf weiterkommen wollen und gute Kontakte knüpfen zu anderen Abteilungen, anderen Filialen, Lieferanten und Kunden, dann ist das geschickt. Je mehr Leute Sie kennen, weil Sie nett mit Ihnen geplaudert haben, um so größer wird die Wahrscheinlichkeit, daß man an Sie denkt, wenn es um eine interne Ausschreibung geht.

Auch unfreundliche Maßnahmen sind durchaus wirksam und zulässig: Setzen Sie jemanden unter Druck, indem Sie den Vorgesetzen sprechen wollen. Lassen Sie Ihren Ärger durchblitzen, um sich gleich wieder zu beherrschen – mit Stimmungen zu spielen sind die eleganten Formen des Kämpfens.

Doch grobe Täuschungen oder Gewaltandrohungen sind verwerflich. Gemeine hinterhältige Manipulationen schaden allen. Kriminelles Verhalten ist tabu.

Wieviel Rücksicht muß sein?

Für viele mag der Begriff »ausnutzen« an diesem Punkt ins Spiel kommen. Sie halten es für nicht legitim, die Schwächen eines anderen zum eigenen Vorteil zu nutzen. Letztlich kommen wir zu der Frage: »Wieviel Rücksicht muß ich nehmen?«

Frauen nehmen immer und überall zuviel Rücksicht. Ich nenne es vorauseilende Rücksicht. In der Regel erwarten Menschen Offenheit und Fairneß und bei Bedarf Hilfe und Unterstützung, aber keine vorauseilende Rücksicht. Wir blenden aus, daß wir einen Menschen, auf den wir ungefragt Rücksicht nehmen, letztlich nicht ernst nehmen.

Natürlich hilft man, einen Rollstuhl in einen Linienbus zu heben, einem Blinden, die Straße zu überqueren, der alten, gebrechlichen Frau auf der Rolltreppe und einem Kleinkind, die verlorene Mutter zu finden. Aber Sie müssen keine Rücksicht nehmen auf die Unpünktlichkeit, die Trägheit, die Ideenlosigkeit anderer. Unter Erwachsenen sagt jeder, was er will, man sucht nach Kompromissen oder neuen Verbindungen, unaufgeforderte Rücksicht entmündigt.

Noch nicht mal ignorieren

In meinen Durchsetzungstrainings empfehle ich den Teilnehmerinnen, Ignorieren zu lernen. Meistens fällt es schwer, auf einen Einwand nicht zu reagieren. Eine dumme Bemerkung über »Frauen und Logik« lediglich mit einem kurzen Augenaufschlag zu beantworten, den Zweifel an ihrer Fachkompetenz kommentarlos über sich ergehen zu lassen, den unverschämten Seitenhieb auf ihre Meinungsänderung mit einem Schulterzucken zu überhören, ist für viele undenkbar!

Es gibt nur eine sinnvolle Strategie, wenn Sie sich nicht auf Nebenkriegsschauplätzen verschleißen wollen: Alles, was nicht wirklich direkt mit dem zu tun hat, über das Sie reden wollen, sollten Sie ignorieren. Reagieren Sie höchstens mit einem sehr kurzen harten Kommentar: »Auf dieses Niveau begebe ich mich nicht!« Kommen Sie sofort wieder auf das Wesentliche zurück.

In einem Streitgespräch wurde eine Journalistin gefragt, weil man sie aus dem Konzept bringen wollte: »Was haben Sie eigentlich studiert?« Kurz und scharf ihre Antwort: »Das Wort zum Sonntag!«

Wenn Sie mit Ignorieren beginnen, werden Sie hochnäsig oder eiskalt genannt oder heftig attackiert. Nehmen Sie es gelassen, achten Sie nicht weiter darauf, auch diese Attacken zeigen lediglich, wie wirksam diese Taktik sein kann.

Wut tut gut

Streit ist wie ein Gewitter und reinigt die Luft. Obwohl jede Frau diesen Spruch kennt, machen sich die wenigsten die reinigende Wirkung zunutze. Wenn Menschen tage- oder wochenlang Ärger, Frust oder Enttäuschung mit sich herumtragen, wird der Überdruck im seelischen Kessel unerträglich. Jedes Öffnen der Ventile kommt einer kleinen Explosion gleich.

In Beziehungen gibt es nur eine brauchbare Lösung, die leider zu oft ignoriert wird: Sobald sich ein kleiner Groll aufgestaut hat, muß er angesprochen werden. Und die Intensität der seelischen Spannung muß sichtbar, hörbar, spürbar werden. Jede samtpfotige Umschreibung wäre Unterwerfung oder Verschleierung.

Aggressionen sind ein Tabu, besonders für Frauen. Wut ist ein ausgesprochen intensives Gefühl, das man nicht abschalten kann. Es ist ein starkes Signal, und, was wir immer wieder vergessen, eine starke Energiequelle. Nehmen Frauen das Verbot von Aggressionen ernst, rauben sie sich damit sehr viel Kraft und versuchen etwas Unmögliches: eine Empfindung zu leugnen. Aggression oder Wut lassen sich genausowenig abschalten wie Hunger, Durst oder Frieren. Es gibt nur eine Lösung: Aggressionen spüren und angemessen reagieren. Wenn ich Hunger habe, esse ich, wenn ich friere, ziehe ich mich wärmer an. Wenn ich wütend oder aggressiv bin, überlege ich, welche Information steckt in der Wut:

- Was genau ärgert mich?
- Wurde ich verletzt?
- Hat mir jemand Steine in den Weg gelegt?
- Konnte ich meine Wünsche nicht in die Tat umsetzen?
- Wer ist schuld?

Wichtig ist es, die aggressiven Gefühle als Energiequelle zu nutzen.

Etwas Dampf ablassen ist in Ordnung, aber immer mit dem Ziel, aktiv zu werden. Wohl dosierte Aggression ist eine perfekte Unterstützung, wenn Sie Forderungen stellen oder Bitten um Gefälligkeiten zurückweisen oder sich durchsetzen wollen.

Bringen Sie Wut und Aggression auf das richtige Maß: Wenn Sie Ihre Kraft steigern wollen, bündeln Sie die innere Spannung. Sehen Sie genau auf das, was Sie ärgert. Lassen Sie den Wutpegel noch etwas steigen. Wenn Sie spüren, daß die Wut Sie zu unkontrollierten Handlungen provozieren könnte, lassen Sie die Erregung etwas abkühlen. Atmen Sie tief aus, gehen Sie ein paar Schritte.

Dann setzen Sie diese Energie gezielt ein. Das Schädlichste wäre, die Aggressionen zu unterdrücken. Sie vergeuden damit nicht nur Ihre Power. Verdrängte Aggressionen richten sich oft nach innen, sammeln sich und brechen irgendwann unkontrolliert wie ein Vulkan aus oder machen krank.

Solche Ausbrüche angestauter Aggressionen bestimmen die gängigen Vorstellungen von Ärger und Wut. Sie haben das Bild einer schädlichen Kraft entstehen lassen. Wird aufkeimender Ärger dagegen wahrgenommen und als Signal verstanden, entsteht daraus lebensbejahende Energie. Sie hat nichts mit Gewalt, mit Verletzenwollen oder Feindseligkeit zu tun. Sie ist stark, aktiv und zielgerichtet. Es ist ein Zeichen dafür, wie widerwillig jemand ist. Sie zeigt dem Kontrahenten, wie ernst der eigene Unwille ist, wie sehr man sich beeinträchtigt fühlt und wie unbeugsam und stark man auf Veränderung besteht. Zielgerichtete Aggression liefert die Energie, nach Wegen oder Lösungen zu suchen.

Mary war eine ruhige, ausgeglichen wirkende 50jährige, »jahrzehntelang darin geübt, stillzuhalten«. Ihr innerer Widerstand aber war ungebrochen. Als Witwe und Mutter eines »verwöhnten Söhnchens«, dem sie lange jeden Wunsch von den Augen abgelesen hatte, suchte sie meinen Rat. »Er wohnt immer noch bei mir, mit wechseln-

den Freundinnen, und ich bin eine bessere Haushälterin für ihn.« – »Haben Sie ihm schon einmal gesagt, daß er ausziehen soll?« – »Nein.« – »Zeigen Sie ihm, daß es Sie ärgert, wenn er Sie als Haushälterin mißbraucht?« – »Nein, nicht richtig.« – »Würden Sie es ihm gerne sagen?« – »Ich fürchte, wenn ich damit loslege, mich in Rage rede, dann schmeiße ich ihn auf der Stelle raus!«
Ich schlug ihr vor, trotz dieses Risikos mit dem Sohn zu reden.
Mary nannte das Gespräch später eine Generalabrechnung. Bisher war sie vor seinem Lautwerden zurückgeschreckt, sein schroffes »Stell dich nicht so an« hatte sie resignieren, seinen Forderungen nachgeben lassen. Jetzt war es anders. Der Ärger von vielen Jahren steckte in ihrem Groll. Eine Geschichte nach der anderen fiel ihr ein, und sie hielt sie dem Sohn vor. Beeindruckt war er davon nicht, anfangs zeigte er wenig Bereitschaft, der Mutter das Feld zu überlassen, und konterte, sie hätte doch alles freiwillig getan, sie sei selbst schuld. Das war für Mary zuviel, schwankend zwischen Heulen und heiligem Zorn brach es aus ihr hervor: »Du hast drei Wochen Zeit, dir eine Wohnung zu suchen, und danach will ich dich hier nur noch zum Kaffee sehen.« Das war ihr Schlußsatz.
»Ich habe mich seit Jahren nicht mehr so frei gefühlt«, gestand sie mir bei unserem nächsten Treffen. Der Sohn zog beleidigt aus, ließ sechs Monate nichts von sich hören. Mary hatte nur einen Kommentar: »Wenn es ihm schlecht ginge, würde er sich melden!«

 Es ist wichtig, Wut, Ärger oder Mißmut früh wahrzunehmen. Erste Anzeichen sind:
- *schlecht zuhören können,*
- *Verspannungen im Nacken,*
- *die Zähne zusammenbeißen,*

- *mit den Fingern trommeln,*
- *kurzes Zucken in den Fuß- oder Handmuskeln,*
- *die Augen zusammenkneifen.*

Je früher aggressive Gefühle wahrgenommen werden, desto leichter ist es, sie in sinnvolles Handeln zu verwandeln.

Renitenz ist kein Rezept für böse Mädchen

Aggressivität allein ist noch kein Beweis dafür, daß man ein selbständiger, zufriedener, erwachsener Mensch ist. Es gibt sie wirklich, die biestige, giftige Zicke, die aufgeplusterte Kampfhenne. Sie legt keinen Wert darauf, mit anderen zurechtzukommen. Ihr Markenzeichen: immer und überall anecken. Sie sagt aus Prinzip nein und demonstriert aggressives Verhalten. Sie kann nicht auf Widerspruch verzichten und sagt auch dann noch nein, wenn sie ja fühlt. Zustimmung erscheint ihr so gefährlich wie der erste Tropfen Alkohol für einen trockenen Alkoholiker. Zustimmung hieße Selbstverrat, Verlust der gesteckten Grenzen. Diese »Kämpferinnen« bleiben immer auf Abstand, sie kämpfen gegen alles und jeden, nur nicht für sich selbst.

Erst streiten, dann verhandeln

Klar denken, auch wenn die Fetzen fliegen, kann nur, wer sich gut vorbereitet.
Zuerst sollten Sie fröhlich laut, vielleicht sogar gemein diskutieren lernen. Danach wenden Sie sich den Modellen der friedfertigeren Konfliktlösung zu, die ich Ihnen jetzt zeigen will. Sicher ist, wenn Ihr Streitpartner

spürt, daß Sie vor einer härteren Konfrontation zurückschrecken, ist auch der friedliche Weg zum Scheitern verurteilt. Es gilt, wie immer im Leben: erst streiten, dann versöhnen und dann in Ruhe verhandeln.

Mit Regeln in den Ring

Streiten wird dann konstruktiv, wenn man einige Regeln beherzigt. Die wichtigste betrifft die Gürtellinie, also jene Schmerzgrenze, die Sie für sich selbst bei Angriffen von anderen festlegen – oder auch die Schmerzgrenze Ihres Gegenübers auf Ihre Attacken.
Schläge unter die Gürtellinie müssen Sie beim konstruktiven Streiten vermeiden. Bleiben Sie fair.
Und Sie sollten Ihre Schmerzgrenze weder zu hoch noch zu niedrig ansetzen. Wer sie so hoch ansetzt, daß jeder Schlag zwangsläufig darunter landen muß, verhindert eine fruchtbare Auseinandersetzung. Mit Mimosen kann man nicht streiten. Genausowenig wie mit dem coolen Typen, den nichts aus der Fassung bringt, an den man einfach nicht herankommt, der uns suggerieren will, er besäße keine Schmerzgrenze.
Wenn ich von Schlägen oder Verletzungen im Zusammenhang mit Streiten schreibe, sind selbstverständlich einzig und allein verbale Attacken gemeint. Körperliche Auseinandersetzungen sind absolute »Killeraktionen«. Sie bringen nahezu jede Beziehung an ihr Ende.

Machen Sie reinen Tisch

Eine wichtige Funktion des Streitens liegt darin, angestaute Gefühle zu zeigen und sich abzureagieren. Das geht nur, wenn man sich eine gesteigerte Lautstärke und eine drastische Wortwahl zugesteht.

Beide Parteien benötigen diesen Freiraum. Friedliches Streiten gibt es nicht. Jeder muß aufgestaute Frustrationen ablassen, fluchen dürfen und mit der Faust auf den Tisch hauen. Gestehen Sie sich *und* Ihrem Mitstreiter dieses Entladen zu. Jeder muß sagen dürfen, daß er sich fürchterlich über den anderen geärgert hat, muß ausdrücken dürfen, was ihm nicht paßt. Wer das nicht aushält, hat seine Schmerzgrenze zu hoch angesetzt. In dieser Phase geht es *nicht* um Klärung.

Erst wenn Sie gegenseitig Ihre Schmerzgrenzen herausgefunden haben *und* zulassen, daß die innere Anspannung ein Ventil braucht, haben Sie eine Atmosphäre geschaffen, in der Sie Informationen austauschen können: was gestört hat, was weh getan hat, wo man gänzlich anderer Ansicht ist.

Doch selbst die beste Streitkultur kann Zerbrochenes nicht zusammenfügen. Manche Auseinandersetzung wird die bedrückende Wahrheit zeigen: Ein Riß, der nicht mehr zu kitten ist, wird durch einen Streit schnell sichtbar. Vielleicht liegt darin die Scheu vieler Menschen vor einem Streit, selbst wenn er fair verläuft. Eine Furcht läßt sich nicht wegdiskutieren: Ein Streit kann der Schlußpunkt hinter einer lange schwelenden Entwicklung sein.

Zwei Dinge sollten Sie dennoch sehen:
Wer eine Trennung verzögert oder auf Besserung hofft, ohne daß ernsthafte Anzeichen eines Wandels zu sehen sind, vergeudet seine Zeit und verpaßt seine Chancen.
Veränderungen ergeben sich nie durch Warten oder Duldsamkeit, sondern durch Forderungen und Auseinandersetzung.

Senden Sie Ich-Botschaften

Die zweite wichtige Regel für eine faire Auseinandersetzung lautet: »Sprich von dir!« Thomas Gordon* hat die Begriffe der Ich- und Du-Botschaft geprägt. Er schlägt vor, nur über das eigene Empfinden zu reden.
Statt »Du hast mich geärgert, als…« sagen Sie
»Ich habe mich geärgert, als…«
Statt »Du hast mich verletzt…«
»Ich war verletzt…«
Statt »Du verstehst mich nicht!«
»Ich fühle mich unverstanden, wenn…«
Diese scheinbar rein grammatikalische Kosmetik verändert den Sinn einer Aussage entscheidend. Ich-Botschaften erscheinen dem Angesprochenen als nützliche Information. Die Du-Botschaften sind tadelnd und herabsetzend, sie stellen eine erneute Provokation dar und wirken destruktiv. Sie rufen bei Ihrem Gegenüber Abwehr und Trotz hervor. Ich-Botschaften hingegen erhöhen dessen Bereitschaft, sich auf ein konstruktives Gespräch einzulassen.

Wirksam kritisieren

Die schwierigste Hürde in einem konstruktiven Streit ist der Punkt, an dem man eine Kritik anbringen, gleichzeitig aber den Kontakt zum Kritisierten möglichst wenig belasten will.
Besonders bei Kritik ist der Verzicht auf Du-Botschaften unerläßlich. Ebenso unerläßlich ist die Erkenntnis, daß in der Regel derjenige, der Kritik übt, ein Problem

---

* Thomas Gordon: Familienkonferenz. Die Lösung von Konflikten zwischen Eltern und Kind. München 1989.

hat. Ihn stört etwas, er will etwas anders haben. Deshalb sollte jede partnerschaftliche Kritik mit dem Eingeständnis beginnen: »Ich habe ein Problem...«
Beschreiben Sie dann möglichst nüchtern, was Sie stört: »...wenn wir vom Essen aufstehen, setzt du dich vor den Fernseher, und ich muß allein den Tisch abräumen.«
Der nächste Teil der Kritik ist entscheidend. Der Kritisierte soll wissen, welche Gefühle er in Ihnen auslöst: »Das ärgert mich!« Schildern Sie schließlich die negativen Wirkungen, die sich aus dem kritisierten Verhalten ergeben. Auch hier ist es wieder sinnvoll, die Emotionen kurz zu halten: »Ich werde meinen Ärger schlecht los, und ich kann mich danach weder genüßlich neben dich setzen noch ruhig mit dir reden.«
Wenn deutlich geworden ist, was Sie vom Kritisierten wollen, kann der Dialog beginnen. Wenn Sie zu keiner Übereinstimmung gelangen, sollten Sie dem Dialog ein Ende setzen: »Wenn wir uns hier nicht einigen, werde ich in Zukunft nur für mich das Abendessen zubereiten und nur für mich den Tisch decken.« Wählen Sie Ihre Drohung sorgfältig, eine Ankündigung, die nicht wahrgemacht wird, macht Sie unglaubwürdig. Ihre Chancen, wirklich etwas durchzusetzen, sinken auf Null.

Vier-Ohren-Modell

Erfolgreiches Streiten beginnt mit Zuhören. Sie müssen verstehen, was Ihr »Gegner« sagen will. Finden Sie mit dem nachfolgenden Modell heraus, ob es sich wirklich um einen streitwürdigen Konflikt handelt.
Sie werden es gleich erkannt haben, diese hübsche

Dame hat vier Ohren. Friedemann Schulz von Thun* hat ein Modell zur menschlichen Kommunikation entwickelt, das hilft, die Probleme im Miteinander besser zu verstehen. Es wird meist das Vier-Ohren-Modell genannt.
Wenn Sie einen Satz hören, können Sie ihn auf vier verschiedene Arten verstehen, quasi mit vier unterschiedlichen Ohren hören.
Auf der ersten, rein sachlichen Ebene hört man mit dem *Sachohr* allein die Aussage des Satzes. Es ist das, was man verstehen würde, wenn man den Satz neutral betrachten könnte.
Auf der zweiten Ebene hört man mit dem *Selbstoffenbarungsohr* eine Botschaft über die Stimmung des

---

* Friedemann Schulz von Thun: Miteinander reden. Hamburg 1981.

Sprechers. Der Sprecher offenbart sein Befinden. Sie interpretieren, was der Sprecher über sich als Person indirekt mitteilt: ob er schlechte Laune hat, ob er eine Auskunft nur widerwillig gibt, ob es ihm Spaß macht, die Information weiterzugeben etc.

Auf der dritten Ebene nimmt man die Beziehungsaspekte wahr, Sie hören mit dem *Beziehungsohr*: Ob der Sprecher böse auf uns ist, auch wenn er von etwas ganz anderem spricht, ob er uns leiden kann, ob wir ihn gestört oder erfreut haben oder ob wir ihn kaltlassen.

Auf der vierten Ebene nehmen wir mit unserem *Appellohr* wahr, welche Aufforderung, welchen Appell der Sprecher an uns richtet. Meist ist es die Aufforderung zu einer Handlung.

Sperren Sie vier Ohren auf

Eigentlich sollte das, was ein Sprecher an Botschaften senden will oder sendet, auch so von uns verstanden werden, aber wie wir alle wissen, kann ein breiter Spalt klaffen zwischen dem, was jemand meint, und dem, was wir verstehen.

Ein Lehrbeispiel ist der Satz: »Der Mülleimer ist voll.« Die meisten Menschen reagieren so, als hätte der Sprecher gesagt: »Bitte leere den Mülleimer aus.« Sie antworten »Ja!« oder »Nein!« oder »Mach es doch selbst!« Sie reagieren auf eine Aufforderung, einen Appell, der gar nicht ausgesprochen wurde. Sie hören mit ihrem Appellohr.

Daß diese Interpretation nicht zwangsläufig richtig ist, wird deutlich, wenn man die Reaktion eines Menschen betrachtet, der allein auf dem Sachohr hört. Er wird einfach antworten: »Ja, das habe ich gesehen!« Konsequenterweise führt seine Antwort *nicht* zu einer Handlung. Der Mülleimer bleibt, wo er ist.

Wer nur mit dem Ohr für Selbstoffenbarung hört, könnte antworten: »Du bist wohl schlecht gelaunt, hat dich der Chef heute geärgert oder was ist schiefgelaufen?« Hier kam die Botschaft an: »Ich habe schlechte Laune, mich stört die Fliege an der Wand, laß mich bloß in Ruhe!« – auch wenn davon nicht die Rede war, und der Sprecher nicht im entferntesten daran gedacht hat, das auszudrücken. Der Zuhörer interpretiert den Sprecher. Gewollt oder ungewollt fließen die Erwartungen des Zuhörers, seine Wahrnehmung, seine Stimmung oder seine Wünsche mehr oder weniger deutlich ein.

Mit dem Beziehungsohr hört der Zuhörer einen persönlichen Angriff heraus: »Du bist ein fauler Sack, du hast den ganzen Tag noch nichts getan, du hättest wenigstens den Mülleimer hinunterbringen können.« Der Zuhörer fühlt sich ermächtigt, hinter die Stirn des Sprechers zu schauen und zu erkennen, was der tiefere Sinn eines an sich völlig harmlosen Satzes ist.

Sie glauben, vor Fehlinterpretationen gefeit zu sein? Aber wie ist es, wenn jemand sagt:

»Das Kleid, das Sie tragen, gefällt mir nicht!«

»Deine Idee finde ich nicht gut.«

»Du hast etwas falsch gemacht!«

»Du siehst schlecht aus!«

Oft ist es schwierig, die eigene Betroffenheit von der möglicherweise neutralen Botschaft zu trennen.

Hören Sie einmal bewußt mit den verschiedenen Ohren, es ist ein lehrreiches und unterhaltsames Spiel. Wenn uns ein Satz verletzt, auf die Palme bringt, uns zum Handeln zwingt, haben wir in der Regel nie geprüft, ob der Sprecher den Satz wirklich so gemeint hat, wie wir ihn verstanden haben. Fragen Sie deshalb zurück: »Habe ich dich richtig verstanden, du wolltest

sagen, daß ich faul bin, den ganzen Tag noch nichts getan habe, und deshalb wenigstens den Mülleimer leeren könnte?«
Was kann passieren? Ihr Gegenüber sagt: »Ja!« und der Streit, die Diskussion geht los. Er sagt: »Nein, gar nicht, ich wollte *mich* lediglich daran erinnern, den Eimer nachher hinauszutragen«, und das Thema ist erledigt.
Sie halten eine solche oder ähnliche Antwort für ausgeschlossen? Sie haben es noch nicht ausprobiert. Sie können nichts verlieren, unter Umständen aber einen unnötigen Streit vermeiden.

Sachohr auf

Der Ton macht die Musik. Sie reden mit vier Zungen und sehen mit vier Paar Augen. Beeinflußt wird die Wahrnehmung durch eine ganze Reihe von Umständen: der Tagesform, der Lebenserfahrung, dem Grad der Bekanntschaft mit dem Gesprächspartner.
Viele Menschen empfinden zum Beispiel ein Nein als persönliche Zurückweisung, sie fühlen sich abgelehnt, nicht wirklich gemocht. Das macht es schwer, ein Nein sachlich zu nehmen. Manche fragen nicht nach den Gründen, ziehen sich zurück. Andere reagieren wie von der Tarantel gestochen oder sind beleidigt. Ich nenne das »auf dem Beziehungsohr hören«. Der Wahrnehmungskanal für die sachliche Information bleibt verschlossen. Wir *hören* zwar: »Ich habe im Moment keine Zeit!«, aber wir *verstehen:* »Für dich will ich mir keine Zeit nehmen!«
Dadurch werden Gespräche emotional aufgeladen. Aus einem Dialog wird ein Kampf, aus einer sachlichen Botschaft eine persönliche Beleidigung.

Frauen wissen um die belastende Wirkung eines Nein. Sie befürchten, daß auch ein sachliches Nein für den Hörer verletzend wirkt, und gehen sehr zurückhaltend und übervorsichtig damit um. Eine schädliche, vorauseilende Rücksicht.

Rückkoppeln

Wenn Sie aus diesem Karussell aussteigen wollen, dann finden Sie heraus, wie das Nein gemeint war. Hatte der Neinsager einen sachlichen Grund oder will er Sie angreifen, Sie verletzen. Erst wenn Sie darüber Gewißheit besitzen, kann der Dialog, die Verhandlung, der Streit oder die Lösungssuche fortgesetzt werden.
Eine brauchbare Methode, mit der man herausfinden kann, was der andere gemeint hat, heißt Rückkoppeln.*
Sie klären dabei ab, ob Sie mit dem, was Sie verstanden haben, richtig liegen. Sie schildern mit eigenen Worten, was bei Ihnen angekommen ist. Wenn der Sprecher bestätigt: »So war es gemeint«, wissen Sie genau, woran Sie sind.
Rückkoppeln können Sie üben. Antworten Sie *inhaltlich* in einem Gespräch erst dann, wenn Ihre Frage »Habe ich dich richtig verstanden, wolltest du sagen, daß ...« mit Ja beantwortet wurde.
Wenn Sie es sich zur Gewohnheit machen, zuerst zu klären, ob Sie etwas richtig verstanden haben, bevor Sie antworten, werden Sie viele Mißverständnisse vermeiden. Sie werden überrascht sein, wie wenig man selbst in einem ernsthaften Gespräch wirklich auf Anhieb von dem versteht, was der andere sagen wollte. Vor allem

---

* Thomas Gordon, Familienkonferenz. a.a.O.

werden Sie herausfinden, ob jemand, der Ihnen eine Bitte abgelehnt hat, Sie damit angreifen wollte, und Sie werden in der Lage sein, eindeutig zu reagieren.
Konstruktives Streiten und Verhandeln heißt herauszufinden, was unser Gegenüber mitteilen wollte, nicht das zu zementieren, was wir verstanden haben.

Frech und fröhlich zum Ziel

Nach so viel Ermunterung zu Biß und Schärfe wird die Lust wachsen, ehrgeizigere Aufgaben anzugehen, also durch das Bösewerden auch mehr Erfolg zu haben. Sie werden sich neue Ziele setzen und nach Erfolg streben. Und Sie werden wissen wollen, wo Sie die Kraft schöpfen können, durchzuhalten und Durststrecken zu überwinden. Vielleicht befürchten Sie, daß Ihnen am Ende des Bösewerdens nicht mehr bleibt als eine ausgebrannte Hülle. Sie haben zu viele Männer an ihrem Ehrgeiz und ihrem kompromißlosen Erfolgswillen leiden oder untergehen sehen.
Wenn Frauen keinen anderen als den harten männlichen Weg zum Erfolg finden, stellt sich in der Tat die Frage, ob Sie diesen Weg gehen sollten. Mein Modell für Erfolg ist weiblich und eher lustbetont. Es weicht ab von den gängigen (männlichen) Strategien und zeigt, wie frau sich zu Erfolg motivieren und ihn angehen kann.
Der Weg zum Erfolg führt über die Lebensfreude.
Immer wenn Sie das tun, wozu Sie Lust haben, ist es ein Schritt in die richtige Richtung. Und verlieren Sie bitte nie aus den Augen:
Sie allein bestimmen, was Sie als Erfolg anerkennen, wer denn sonst?
Allein aus Ihrer Lebensfreude heraus erwächst die Lust auf Erfolg, darauf, eine Sache gut zu machen, stolz auf sich zu sein. Die Lebensfreude spendet die nötige Energie, diese Ansprüche auch in die Tat umzusetzen.

Das macht Lust auf Erfolg

Starten Sie Ihre Lust auf Erfolg, indem Sie Ihre Lebenslust steigern.

Kennen Sie diese Gefühle:
- *heiter sein*
- *sich rundherum zufrieden fühlen*
- *über vieles schmunzeln können*
- *ein Lied vor sich hinsummen (oder laut singen)*
- *sich mit Wohlgefühl körperlich anstrengen*
- *glücklich müde sein*
- *die eigene Stärke spüren*
- *wohlig dösen, wie eine Katze in der Sonne?*

Und natürlich zählen fröhliche Ausgelassenheit, laut lachen, ein Erlebnis ganz intensiv genießen zu können, auch dazu.

Vieles kann solche Empfindungen wecken, oft sind es Kleinigkeiten: die warme Dusche nach einem Waldlauf, Kinderstimmen im Nachbargarten, der Anblick einer schönen Landschaft, ein Frühlingsstrauß, ein Geruch, ein Lied, das Lächeln eines Freundes, einer Freundin. Auch Größeres hebt uns auf diese Wolke: ein mitreißendes Konzert, eine Theateraufführung, ein Buch, das uns fesselt, oder ein Film, der uns gefangennimmt, der Flug in einem Segelflugzeug, der Galopp auf dem Rücken eines Pferdes, die durchgesetzte Lohnerhöhung, immer ist es etwas ganz Persönliches.

Es klingt vermessen, aber jeder sollte mehrmals am Tag solche Gefühle spüren. Wer dies nicht erlebt, dem mangelt es an Lebensfreude. Die Lust auf Erfolg entsteht automatisch, wenn Sie für diese Art der Lebensfreude sorgen.

Das Leben genießen

Glücksgefühle, wie ich sie oben beschrieben habe, sind sichere Zeichen dafür, daß Sie etwas tun oder getan haben, zu dem Sie innerlich ja gesagt haben. Je besser Sie wissen, was Sie tun können, um ein solches Lebensgefühl aufzubauen, desto leichter wird es, auch Dinge »auf sich zu nehmen«, die kurzfristig unangenehm, sehr anstrengend oder lästig sind, die eben getan werden müssen.

Spüren Sie Ihrer Lebensfreude nach: Was ist für diese Stimmung verantwortlich? Selbst wenn Ihnen der Zusammenhang abstrus, wenig spektakulär oder gar unsinnig erscheint, fragen Sie: »Was genau hat mir gutgetan?«

Auch wenn es nur der Blumenstrauß ist, den Sie sich gegönnt haben, der Sie erfreut, dann sind es eben die Blumen.

Wenn Sie sich wortlos mit einem Partner verstehen, dann ist es dieses wortlose Verständnis, das Ihr Wohlgefühl auslöst.

Wenn Sie Sieger in einer Auseinandersetzung waren, dann ist es dieser Sieg.

Wenn Sie sich mit einer Idee gut verkauft haben, dann ist es dieser Erfolg.

Wenn eine Reihe von Zahlen den Erfolg einer Arbeit symbolisiert, dann sind es diese Zahlen.

Wenn ein freundliches Nicken für Sie eine Anerkennung ist, dann ist es dieses Nicken, das Ihnen guttut.

Suchen Sie nicht nach überwältigenden Hochgefühlen, diese fallen Ihnen von allein auf und sind eher selten. Auch verschaffen sie letztlich nur wenig Lebensfreude. Es sind viele kleine Dinge, die uns im wahrsten Sinne des Wortes beglücken. Die Fähigkeit, viele kleine Freuden zu erleben, ist die stabilste Quelle des Wohlfühlens.

Jeden Tag ein bißchen böser sein heißt auch, jeden Tag etwas tun oder erleben, das ein solches Freudegefühl weckt.

 Geben Sie sich selbst den Auftrag, jeden Tag zwei oder drei Dinge zu tun, bei denen Sie Lebensfreude spüren. Verpflichten Sie sich durch einen Vertrag mit sich selbst dazu. Schreiben Sie genau auf, was Sie tun können und wann Sie sich diesen Genuß gönnen wollen. Halten Sie sich eisern an Ihre Regel.

Wieviel Lust auf Erfolg haben Sie?

Mit diesem kleinen Test können Sie herausfinden, wie stark Ihre Lust auf Erfolg ist und ob es in Ihnen auch Scheu vor Erfolg gibt.

Bitte tragen Sie eine Zahl zwischen –3 und +3 in die entsprechenden Kästchen ein. Negative Zahlen in die rechte Spalte, positive in die linke Spalte. »–3« für ein stark negatives Gefühl, »+3« für ein besonders positives Gefühl. Bei einem neutralen Gefühl lassen Sie beide Felder frei.

Welche Empfindungen und Gedanken verbinden Sie mit Erfolg?

+	–	
___	___	im Rampenlicht stehen
___	___	Verpflichtungen wachsen
___	___	Verantwortung
___	___	**Zwischensumme**

	Übertrag
_____	Dankbarkeit empfinden
_____	Arbeit ohne Ende
_____	Druck, es besser zu machen
_____	Druck, den Standard zu halten
_____	die nächste Niederlage wird um so schmerzhafter
_____	gehetzt sein
_____	Anerkennung
_____	Bestätigung
_____	etwas Besonderes sein
_____	Angst, den Erfolg nicht fortsetzen zu können
_____	ein peinliches Gefühl
_____	sich über andere erheben
_____	sich selbst wertschätzen
_____	Freude
_____	Lebenssinn
_____	Anregung
_____	Ansporn
_____	Ehrgeiz
_____	Hoffnung auf Geld
_____	Erfolg schafft Freunde
_____	**Zwischensumme**

———	**Übertrag**
———	Erfolg schafft Feinde
———	beruflicher Aufstieg
———	Sieger sein
———	besser sein
———	sich abheben
———	**Summe**

Addieren Sie Ihre Werte nach Vorzeichen getrennt. Sie erhalten eine negative und eine positive Zahl. Ihr Pluswert zeigt, wie stark Sie Lust auf Erfolg haben, der Minuswert Ihren Widerwillen oder Widerstand gegen Erfolg.

Ein Pluswert über 20 bedeutet, Sie haben richtig Lust auf Erfolg. Werte zwischen 12 und 20 spiegeln eine durchschnittliche Erfolgsorientierung. Liegen Sie darunter, ist der Wunsch, Erfolge anzustreben, eher ein unangenehmes Thema für Sie.

Wenn Sie beim Minuswert über 20 liegen, ist Ihr Widerstand gegen Erfolg erheblich, zwischen 10 und 20 normal. Wenn Sie weniger als 8 Minuspunkte gesammelt haben, kann es sein, daß Sie ein wenig geschummelt haben oder wirklich ausgesprochen ehrgeizig sind und die Arbeit und den Streß, die mit Erfolg verbunden sind, richtig brauchen.

Sollten Sie eine hohe Minuszahl *und* eine hohe Pluszahl haben, ist dies ein Hinweis auf eine innere Spannung. Sie wollen Erfolg und könnten ihn genießen, aber es gibt auch erhebliche negative Empfindungen. Es ist wichtig, sich dieses Konflikts bewußt zu werden. Auf die Dauer raubt dieser innere Kampf viel Energie. Ihr

Ziel müßte es sein, weniger ehrgeizig zu werden oder die Belastungen durch Erfolg gelassener zu sehen.

Test 2 im Anhang bietet Ihnen die Möglichkeit, noch genauer die eigenen Erwartungen und Erklärungen zu Erfolg und Mißerfolg zu erforschen.

Mein Erfolg gehört mir

Wer Erfolg hat, steht im Rampenlicht, der Erfolg ganz für sich ist ein Widerspruch in sich. Erfolg ist immer ein sozialer Erfolg, andere sehen und erkennen, was Sie tun oder getan haben. Selbst die Freude an einer schönen Reise wird gekrönt durch den anregenden Abend, an dem Sie Ihre Freunde daran teilhaben lassen. Das spannende Abenteuer wird noch einmal zum Genuß, wenn Sie darüber berichten. Der Stolz, die Prüfung bestanden zu haben, wird durch die Feier mit Freunden gekürt.
Über einen Erfolg zu berichten und Zuspruch zu erhalten, ist das i-Tüpfelchen. Beruflicher Erfolg verlangt nach ähnlicher sozialer Anerkennung. Doch viele Frauen verzichten bei beruflichen Erfolgen nicht selten auf die Teilhabe ihrer Freunde. Bereitwillig ziehen sie sich wieder in den Hintergrund zurück, trennen Erfolg und Anerkennung von der eigenen Person. Sie erklären sich ihre Erfolge und guten Leistungen damit, daß Zufall oder Glück im Spiel waren oder sie zufällig »gut drauf waren«. Ihre Mißerfolge hingegen haben direkt mit ihnen selbst zu tun, sie haben sie erwartet. Fast unausweichlich sagen Frauen sich den schlechten Ausgang von Situationen voraus, in denen sie sich bewähren könnten, und steuern so, ungewollt, aber zielstrebig, auf Mißerfolge zu.
In der Psychologie nennt man die Erklärung, die Men-

schen sich für ihre Erfolge oder Mißerfolge geben, *Attribuierung,* was mit *Zuordnung* oder *Erklärung* übersetzt werden könnte. Spannend sind die unterschiedlichen Erklärungen für Erfolge von Männern und Frauen. Während eine Mehrheit der Männer ihre Erfolge auf ihre guten Fähigkeiten zurückführt, also der eigenen Person zurechnet, erklärt eine Mehrheit von Frauen Erfolge eher mit äußeren Faktoren. Sie glauben, auf gute Bedingungen getroffen, auf guten Vorgaben aufgebaut zu haben. Im besten Fall meinen sie, einen besonders guten Tag gehabt zu haben.
Ebenso aufschlußreich ist die Zuordnung, die Männer und Frauen vornehmen, wenn es darum geht, einen Mißerfolg zu erklären. Für Männer besteht kaum ein Zweifel: Die anderen waren schuld, Vorarbeiten anderer waren unter aller Kritik, die Zuarbeit katastrophal. Im übrigen seien sie ziemlich abgearbeitet gewesen, weil sie in der letzten Woche jeden Abend bis spät für die Firma tätig waren. Bei der nächsten Aufgabe würde es wieder deutlich besser. Und auch dann, wenn sie den Fehler bei sich finden, löst das keine Selbstzweifel aus, denn jeder Mann weiß, Fehler sind menschlich, und beim nächsten Mal macht man es wieder besser. Schließlich sind sie kompetent, und daher in der Lage, den Fehler wieder ausbügeln zu können oder die Sache in Zukunft wieder im Griff zu haben.
Frauen sehen viel stärker auf die vermeintlichen persönlichen Defizite. Ihnen hat in einem vergleichbaren Fall eine Fortbildung oder eine bestimmte Qualifikation gefehlt. Bevor sie sich noch einmal an eine solche Aufgabe wagen, glauben sie, ihre Fertigkeiten verbessern zu müssen. Fehler rechnen Frauen viel schneller der eigenen Person zu. Und im Gegensatz zu ihren männlichen Kollegen erwarten sie, daß sie auch bei einem neuen Anlauf Fehler machen werden.

Solche selbstkritische Art hat auch ihr Gutes. Frau fordert und fördert sich selbst und korrigiert eigene Defizite – ohne blauäugig den Eigenanteil an einem Fehlschlag zu leugnen. Wenn man tatsächlich etwas verbockt hat, muß man dies erkennen, nur dann kann man es beim nächsten Mal besser machen. Hier sind Frauen im Vorteil.

Wichtig ist, die Gefahr der Selbstblockade zu sehen, hellhörig zu werden, wenn Sie beginnen, eigene Erfolge auf das Konto äußerer Faktoren zu buchen oder Mißerfolge hauptsächlich als das Ergebnis eigener Defizite zu sehen.

Ein kleines Fragespiel kann Ihnen Aufschluß geben, wie es um Ihre »Erklärungen« bestellt ist.
Was war Ihr letzter Erfolg?
Worauf führen Sie diesen Erfolg zurück?
Wenn Sie länger als eine Minute für eine Antwort brauchen oder der Erfolg länger als sechs Monate zurückliegt, sind deutliche Verbesserungen Ihrer Selbsteinschätzung nötig!

Angst vor Erfolg

Vielen Frauen ist öffentliches Lob oder die soziale Anerkennung einer guten Leistung peinlich. Fragen Sie sich einmal: Ständen Sie gern auf einer Bühne und würden ein witziges Gedicht auswendig vortragen, wenn Sie wüßten, das Publikum steht auf Ihrer Seite und will dieses Gedicht hören? Nur wenige Frauen antworten darauf spontan »Ja«. Viele kneifen: »Vielleicht blamiere ich mich, verhaspele mich im Text, betone falsch. Das wäre peinlich, ich würde knallrot. Und selbst wenn ich keinen Fehler mache, so gut, daß ich den Beifall verdient hätte, bin ich bestimmt nicht.«

Tarnsätze, hinter denen sich die Furcht vor der Blamage versteckt, lauten: »Ich will mich nicht aufblasen« oder »So etwas habe ich gar nicht nötig«. Kein Wunder, daß ein Erfolg keine Auswirkung auf die Selbsteinschätzung hat und kein Hochgefühl auslöst. Die Erfolgreiche lernt nicht, die eigenen Fähigkeiten, die sie zum Ziel geführt haben, wirklich zu schätzen, geschweige denn, sie zu trainieren.

Besonders für Frauen gilt: Ein Erfolg, ganz für sich im stillen Kämmerlein erlebt, ist meist eine Flucht.
Wenn ich in einem Gespräch spontan erkläre, daß Frauen lernen müssen, Lust auf Erfolg zu haben, ernte ich meist schräge Blicke. Es scheint selbstverständlich, daß alle Menschen gern Erfolg haben.
Letztlich sollte jede Frau ihre Erfolge für andere deutlich werden lassen, um Anerkennung zu finden, sich also auf eine Bühne stellen. Und sie muß diese soziale Anerkennung zulassen, besser noch schätzen lernen, sonst wird sie bei jedem Erfolg, selbst wenn alles perfekt gelungen war, wieder einen Grund suchen, ihre Leistung klein zu reden. Sie schmälern Ihre Leistung, sobald Sie Gedanken zulassen wie: »Wenn die Zuhörer wüßten, wieviel Angst ich dabei gehabt habe!« Oder die Variante, die ich nach nahezu jedem Vorstellungsgespräch zu hören bekomme, weil jeder sich ein wenig besser verkauft, als er ist: »Wenn die gemerkt hätten, wie sehr ich beim Vorstellungsgespräch geblufft habe.«
Wer Schwimmen lernen will, aber Angst hat unterzugehen, muß die Lust am Wasser trainieren, dann erst kann die Lust am Schwimmen kommen. Wer Erfolg haben will, aber sich irgendwie davor fürchtet, muß zuerst die Lust auf Erfolg und Anerkennung trainieren. Dazu muß man lernen, sich im Rampenlicht zu bewegen, und wissen, daß es am Ende immer zwei Ausgänge gibt. Wer

diesen Nervenkitzel: »Scheitern oder Gewinnen« genießen kann, wird sich auf das Abenteuer einlassen.
Ich habe schon viele Frauen erlebt, die regelrecht vor Erfolg flüchteten.
Der kompetenten Marktleiterin eines kleineren Supermarktes war es sichtlich unangenehm, von ihrem Gebietsleiter eine lukrative neue Stelle in einem anderen Markt angeboten zu bekommen. »Es gibt doch so viele gute Leute, weshalb wollen die gerade mich haben?« Sie kannte die vorgeschlagene Position, sie wußte, was zu verbessern wäre, hatte etliche Ideen. Aber dann kam das Eigentor: »Eigentlich müßte es klappen, aber dann kommen wieder die Lobeshymnen, und das kann ich überhaupt nicht vertragen.«
Auf vielfältige Weise kann Frauen auch von außen die Lust am Erfolg genommen werden. In der Schweiz gibt es eine heftige Diskussion über das »zweite Einkommen«, gemeint ist das Einkommen der Ehefrau. Hier hat es so etwas wie eine Kampagne gegen gut verdienende Frauen gegeben. Viele berufstätige Frauen in der Schweiz klagen ernstlich über ihr schlechtes Gewissen, wenn sie ein eigenes Einkommen haben, weil sie damit angeblich einem Mann den Job wegnehmen. Diese Frauen liefern ein Beispiel, wie sich gesellschaftlicher Druck als ganz persönliches Schuldgefühl und vielfach auch als Verzicht auf Erfolg niederschlagen kann.

Rücken Sie Ihre Leistung ins rechte Licht

Alles, was Sie erfolgreich tun, müssen Sie auch gut verkaufen, niemand wird Ihre Arbeit wirklich schätzen, wenn Sie nicht auch Reklame dafür machen. Woher sollen andere schließlich erfahren, daß Sie etwas gut gemacht haben, wenn *Sie* es nicht herausstellen? Auch wenn Sie es sich wünschen, Gedankenleser gibt es eben nicht. Die meisten Menschen sind bereit, zuzuhören und Leistungen anzuerkennen. Aber darauf stoßen muß man sie schon. Selbst Spitzenleistungen bleiben sonst ungesehen.

Daß Ihre Arbeit für die richtigen Leute auch sichtbar wird und Ihnen eindeutig zugeordnet werden kann, ist genauso notwendig wie die Erwartung, daß andere das ihre dazu beitragen, Ihre Arbeit leichter zu machen. Wenn Ihr Vorgesetzter sieht, daß Sie entscheidende Dinge erfolgreich erledigen, ist er eher geneigt, etwas dafür zu tun, daß Sie effizient arbeiten können. Falls Sie merken, daß dies nicht so ist, forschen Sie nach den Ursachen. Vielleicht nimmt er Ihr Können nicht wahr. Es kann daran liegen, daß Sie zu wenig »klappern«.

Jeder ist mit seinen Aufgaben befaßt, und auch Ihr Vorgesetzter liegt nicht ständig auf der Lauer, um die guten Leistungen seiner Mitarbeiter zu bewundern. Pannen werden schnell gesehen und bemängelt, gute oder sogar außergewöhnliche Leistungen werden seltener herausgestellt. Wer will, daß seine Leistungen Früchte tragen, muß die anderen mit der Nase darauf stoßen.

Viele Frauen spüren bei diesem Satz ein mulmiges Gefühl in der Magengrube, sie glauben, nie soviel Mut aufzubringen. Sie schrecken davor zurück, Eigenlob zu zeigen. Solches Verhalten gilt als arrogant. Die Erinnerung an manch aufgeblasenen Kollegen, dem man peinlich berührt zuhören mußte, während er aus winzigen Mücken riesenhafte Elefanten kreierte, sitzt tief.

Viele Frauen haben Probleme, richtig vom Leder zu ziehen, wenn es darum geht, eigene Fähigkeiten gut an den Mann zu bringen. Sie halten solche Selbstdarstellung für Prahlerei. Sie wollen sich nicht wirklich von der Masse abheben oder gar hervorstechen. Oft steckt hin-

ter dieser Bescheidenheit die Sorge, daß nach dem Klappern etwas kommen muß, nämlich Leistung.
Und dem ist so. Es geht nicht darum zu täuschen, es geht darum, deutlich, sogar überdeutlich, das eigene Können und das, was man sich für die Zukunft zutraut, zu verkaufen – schön verpackt.
Sie zweifeln, ob Sie den mutigen Vorgaben auch bei weiteren Arbeiten gerecht werden? Diesmal ist es gut gelaufen, aber ob Sie es das nächste Mal wieder schaffen?
Ich habe extrem erfolgreiche Frauen kennengelernt, die bei jeder neuen Aufgabe von diesen Zweifeln geplagt wurden. Selbst größte Erfolge konnten diese Zweifel nicht ausräumen.
Sicher erinnern Sie sich an die Mitschülerin, die immer glänzende Noten schrieb und dennoch vor jeder Klassenarbeit zitterte, aus Furcht zu versagen. Sie wurde belächelt, keiner nahm sie ernst.
So geht es Ellen noch heute. Ellen ist Juristin in einer großen Handelsgesellschaft. Sie ist zuständig für Prozesse im europäischen Ausland und bekannt dafür, auch aussichtslose Verfahren zu gewinnen. Trotz ihrer Erfolge zweifelt sie an ihren Fähigkeiten. Jeder neue Prozeß bereitet ihr schlaflose Nächte. Sie bereitet sich bestens vor und befürchtet dennoch zu versagen. »Ich weiß einfach nicht wirklich, ob ich gut bin!« Ich riet ihr, vor ihrem Freund mit ihren Erfolgen zu prahlen. Er ist auch Jurist und schätzt ihre Qualitäten. Jetzt spielte er den Advocatus Diaboli.
Er provozierte sie: »Das war doch nichts Besonderes, das hätte jeder gekonnt!« Bei ihrem Freund fand Ellen den Mut dagegenzuhalten. Sie fühlte sich herausgefordert: »Den Prozeß in Madrid konnte außer mir niemand gewinnen, ich war die einzige, die wirklich wußte, worum es ging.« Der Freund konterte: »Auch ein

blindes Huhn findet ab und an ein Korn!« Ellen kam in Fahrt: »Meine Klageerwiderung im Fall Y war so gut, daß die Gegenpartei den Rückzug antrat.« Der Freund setzt noch eins drauf: »Alles nur Eintagsfliegen! Du bist ein gräßlicher Angeber.« Ellen hielt trotzig dagegen: »Du hast keine Ahnung, ich bin große Klasse.« Sie setzte sich im Sessel auf und wurde ein ganzes Stück größer. Daraufhin mußten beide lachen.

Letztlich gibt es nur einen Weg, aus solchen Defiziten auszusteigen: Die eigenen Erfolge müssen in geistigen Besitz verwandelt werden. Es muß eine geistige Urkunde ausgefertigt und gut sichtbar im Hinterkopf befestigt werden. In großen Lettern steht darauf: Das habe ich gut gemacht, und auch die nächste Aufgabe werde ich mit deutlichem Erfolg meistern. Ich habe die Karten perfekt gemischt.
Wem Klappern schwerfällt, der muß üben. Schreiben Sie jeden Abend drei Dinge nieder, die Sie gut gemacht haben.
Nach einer Woche erzählen Sie einer vertrauten Freundin oder Ihrem Partner, was Sie Tolles erreicht haben. Wenn Sie erkennen, daß es der Freundin Spaß bereitet, Ihnen beim Eigenlob zuzuhören, dann beherrschen Sie das Klappern schon recht ordentlich. Beginnen Sie damit, bei anderen über alles, was Ihnen gutgetan hat, so zu berichten, daß diese Ihnen gerne zuhören.
Wählen Sie ein Schmuckstück, das Sie häufiger tragen, und verknüpfen Sie es mit dem Satz: »Klappern macht Spaß und gehört dazu! Auch wenn ich hochnäsig wirke, werde ich sagen, was ich gut kann!« Tragen Sie diesen Schmuck möglichst oft, sehen Sie in ihm das Symbol dieses Satzes. So fällt es leichter, an diese Botschaft zu denken.

Wer wagt, gewinnt

Risiko und Weiblichkeit scheinen einander auszuschließen. Vom finanziellen Risiko bei Geldanlagen bis zur Frage, ob eine berufliche Herausforderung angenommen werden soll, sah ich viele Frauen in übervorsichtiger Zurückhaltung gefesselt. Eine Mehrzahl betrachtete Risiko als einen stark negativ geprägten Begriff, sie setzten ihn mit Gefahr und Verlust gleich. Die simple Wahrheit, daß ohne Risiko kein Gewinn zu machen ist, größere Gewinne größeres Risiko verlangen, läßt Frauen regelrecht scheu oder kopflos werden. Wenn eine Frau entscheidet:
»Ich kaufe mir erst eine Eigentumswohnung, wenn die Belastung nicht höher ist als meine derzeitige Miete«
oder
»Ich bewerbe mich erst, wenn ich den Kurs (der mich für den Job qualifiziert) bestanden habe«
oder
»Ich mache zur Sicherheit fünf Fahrstunden mehr als der Fahrlehrer vorschlägt, bevor ich mich zur Prüfung melde«
dann ist ihre Bereitschaft, Risiken einzugehen, zu gering.
Die schönsten Geschichten über die richtige Art, mit Gefahren und Risiko umzugehen, fand ich in Astrid Lindgrens »Ronja Räubertochter«. Der Vater ermahnt Ronja dringend, sich vor vielen Gefahren zu hüten: Sie soll sich nicht im Wald verirren, nicht in den Fluß plumpsen oder gar in den Höllenschlund, eine tiefe Schlucht, fallen.
Ronja läßt sich nicht beirren, sie fragt bei jeder Gefahr, wie sie sich verhalten soll. Die Antworten des Vaters sind eindeutig, er überträgt ihr die Verantwortung. Die

Lösungen muß sie selber finden. Er rät ihr, den richtigen Pfad zu finden, zu schwimmen, und weist sie darauf hin, daß sie beim Höllenschlund nur einen Versuch hat. Und Ronja hütet sich vor den Gefahren auf ihre Weise. Sie stromert durch den Wald und lernt die entlegensten Winkel kennen, sie hüpft auf den dicken Kieseln herum, die am Ufer liegen, immer möglichst nah am Wasser. Selbst der Höllenschlund schreckt sie nicht, sie stellt sich immer wieder vor, wie sie hinüberspringt. Und irgendwann überwindet sie sogar diese Schlucht.

Statt ängstlich vor den Gefahren zurückzuschrecken, ihnen auszuweichen oder die Augen davor zu verschließen, geht Ronja immer mitten hinein und lernt so, mit ihnen umzugehen. So stelle ich mir weibliches Risikoverhalten vor. Sie müssen nicht gleich über Abgründe springen, aber wer Angst hat, andere zu kritisieren, nicht die richtigen Worte zu finden, sollte Kritisieren üben. Wer Furcht hat zu fliegen, sollte Fliegen üben, wer Angst hat, etwas falsch zu machen, sollte Fehler machen. Einer überperfekten Hausfrau gab ich auf, bewußt eine Falte in die Rückenpartie eines Oberhemdes zu bügeln, ganz unten, wo es in der Hose steckt. Leider hatte sie selbst ein Jahr später den Mut zu dieser Falte noch nicht gefunden.

Viele Frauen müssen erst ihre Sicht von Risiko und dann ihren Umgang damit verändern und mit Risiken experimentieren. Sonst wird es keinen Weg zum Böserwerden geben. Der Wunsch wird unerfüllt bleiben.

Wer sich verändert, geht ein gewisses Risiko ein. Und wer größere Schritte wagt, läßt sich auf ein größeres Abenteuer ein. Ein aktiveres, mutigeres Leben gibt es nicht zum Nulltarif.

Viele Menschen leben nach dem Motto: Was ich habe, weiß ich, was ich bekomme, steht in den Sternen (und kann nur schlechter sein). Die Sorgen der Zögerlichen gibt ein Postkartenspruch wieder: »›Anna lächle, es könnte schlimmer kommen‹; Anna lächelte... und es kam schlimmer!«

Da wagt es die engagierte selbständige Versicherungskauffrau nicht, einen Vortrag zu halten, aus Furcht sich zu blamieren, obwohl sie kompetent ist, über Sachverstand verfügt und sich auf diese Weise elegant profilieren könnte. Da ist die Journalistin, die von allen Seiten hört, daß sie phantastisch schreibt, im Interview total nervös und schiebt Artikel bis zur letzten Minute vor sich her. Eine Soziologin wagt nicht, ein Zweitstudium (Jura) zu beginnen, obwohl es ihr bezahlt würde und sie weiß, daß es sie beruflich nach oben katapultiert.

Risiko eingehen heißt:
- sich bewerben, auch wenn man nicht alle erfragten Kenntnisse nachweisen kann,
- einen Job aufgeben, für den man ausgebildet wurde, um eine »wahrscheinlich« erfolgsträchtigere Arbeit anzunehmen, für die man allerdings keine 100prozentige Ausbildung besitzt,
- für eine gute Stellung die Stadt wechseln, auch wenn man dort niemanden kennt,
- eine Fahrradtour unternehmen, auch wenn es nach Regen aussieht,
- gegen die Empfehlung eines Fachmanns (Arzt, Rechtsanwalt, Automechaniker etc.) handeln und den eigenen Gefühlen, der eigenen Urteilsfähigkeit trauen,
- ein Kochrezept nach eigenem Gutdünken auf den Kopf zu stellen,
- morgens liegenzubleiben und davon auszugehen, daß der Mann die Kinder auch ohne Unterstützung in die Schule schafft,
- sich ein Herz nehmen und in den entfernteren, aber

deutlich preiswerteren Supermarkt fahren, auch wenn man sich etwas vor dem Verkehr und der unbekannten Strecke fürchtet,
- sich daran wagen, die etwas komplizierte Fernseh-/Videoanlage zu bedienen, und nicht mehr zu warten, bis jemand kommt und das Gerät einstellt,
- eine Sportart ausprobieren, weil man Lust darauf hat, auch wenn man Angst hat, sich weh zu tun oder zu blamieren,
- wenn man einen netten Mann kennengelernt hat, es wagen, ihn zu einem Abendessen einzuladen, auch wenn man sich sorgt, eine Absage zu bekommen,
- der spontanen Lust nachgeben, den Geliebten zu besuchen, anstatt den Abend allein zu Hause zu verbringen, auch wenn man befürchtet, er könnte sich kontrolliert fühlen,
- wenn man spürt, daß eine Beziehung keine Chance hat, aussteigen, auch wenn die Angst groß ist, keinen anderen Mann mehr kennenzulernen,
- einen Kredit aufnehmen und sich selbständig machen.

Solche kleinen und größeren Risiken meiden Frauen wie der Teufel das Weihwasser. Andere, wesentlich größere und folgenschwerere Risiken nehmen sie nicht einmal als gefährlich wahr, sondern selbstverständlich in Kauf: Beim Thema Altersversorgung kümmern sich viele Frauen nicht darum, wie ihre persönliche Absicherung aussehen wird, sie glauben, durch ihren Mann ausreichend versorgt zu sein. Wenn ich verheiratete Frauen frage, an wen denn eine zusätzliche Rente (eine Versicherung, die heute viele Haushalte abgeschlossen haben) ausgezahlt wird, beginnt das Rätselraten. Leider laufen aber fast alle Versicherungen dieser Art über den Mann, d.h. in vielen Fällen, daß die Rentenzahlungen nach dem Tod des Partners wegfallen. Frauen haben eine deutlich höhere Lebenserwartung als Männer. Hier gehen sie ein großes Risiko ein. Ich nenne es Lebenspoker, und viele wissen nicht einmal, um welchen Einsatz sie spielen.

✘ *Wenn Sie mehr über Ihre Einstellung zu Risiken herausfinden wollen, spielen Sie ein wenig mit der eigenen Besorgnis: Setzen Sie in den folgenden Satz all das in die erste Lücke ein, wozu Sie ein bißchen Lust spüren, wovor Sie aber gleichzeitig auch gehörige Manschetten haben. In die zweite Lücke tragen Sie die möglichen Folgen ein, die Sie fürchten. Hinter das «Oder» schreiben Sie dann das – genauso wahrscheinliche – gute Ergebnis.*
Wenn ich..., dann kann es passieren, daß...!
Oder...!

Wenn ich der Freundin sage, daß ich mich ärgere, weil sie oft zu spät kommt, *kann es passieren, daß* sie auf mich böse ist, mich das nächste Mal links liegen läßt, keine Lust hat, sich wieder mit mir zu verabreden. *Oder* sie wird pünktlicher werden.
Wenn ich von meinem Mann verlange, daß er an zwei Samstagen im Monat auf die Kinder aufpaßt, damit ich einen Job annehmen kann, *kann es passieren, daß* er ärgerlich ist, weil er sich die Freizeit nicht beschneiden lassen will, *daß* er glaubt, er sei mir nicht mehr wichtig genug, *daß* er sich trotz Zusage nicht genügend um die Kinder kümmert. *Oder* er freut sich, daß ich wieder etwas Eigenes tue und er die Kinder für sich hat.
Wenn ich beginne, meine Kollegen in der Firma deutlicher zu kritisieren, *kann es passieren, daß* sie weniger freundlich zu mir sind, mir aus dem Weg gehen, mir Schwierigkeiten machen, hinter meinen Rücken über

mich schlecht reden. *Oder* sie nehmen mich ernster, sagen ihrerseits klarer, was sie wollen, arbeiten besser mit mir zusammen.

Wenn ich ein höheres Gehalt fordere, *kann es passieren, daß* der Chef findet, daß ich das höhere Gehalt nicht wert bin, mehr Überstunden verlangt, sauer auf mich wird und mich unverschämt findet. *Oder* er schlägt mir eine Erweiterung meines Aufgabengebietes mit mehr Verantwortung vor, *oder* er zahlt ganz selbstverständlich.

Wenn ich eine Kontaktanzeige aufgebe, *kann es passieren, daß* sich nur Idioten auf die Anzeige melden, ein Bekannter mich erkennt, meine Freundin die Nase rümpft. *Oder* ich verbringe ein paar anregende Abende, und vielleicht wird etwas Festes daraus.

Wenn ich allein in Urlaub fahre, *kann es passieren, daß* ich keinen Anschluß finde, mich langweile, mitleidig angesehen werde und allein auf dem Zimmer hocke. *Oder* ich treffe eine tolle Clique, und wir haben Spaß ohne Ende *oder* ich genieße das Alleinsein und komme erholter zurück als je zuvor.

Mit Risiken umgehen

Wenn Menschen beim Risiko nur die Gefahrenseite sehen, werden sie bewegungslos oder panisch. Wie läßt sich diese Falle vermeiden?

Sehen Sie so früh wie möglich jeder denkbaren Gefahr ins Auge.

Nur wer die Gefahr frühzeitig erkennt, kann überlegen, wie wahrscheinlich sie ist, und sich darauf vorbereiten.

Jemanden anzusprechen, den man sympathisch findet, stellt für viele Frauen ein Risiko dar. Sie fürchten abzu-

blitzen, nicht die richtigen Worte zu finden oder keinen Rückzieher machen zu können, wenn der andere langweilig ist. Sie bleiben passiv. Später trauern sie einer verlorenen Chance hinterher.
Die Frau, die Risiko akzeptiert, sieht die Chance, einen interessanten Menschen kennenzulernen. Sie weiß, ihre Erfahrung wird es ihr erleichtern, bei einer Gelegenheit jemanden anzusprechen. Sie denkt: »Ich fühle mich vielleicht etwas unbehaglich oder verlegen, weil mich jemand zurückweisen könnte, aber mehr kann nicht passieren.«
Sie wollen eine gekaufte Ware reklamieren. Sie haben die Sorge, daß der Verkäufer Sie abblitzen läßt, Ihnen Vorwürfe macht, Sie zurückweist. Die mögliche Aussicht, den Fehlkauf wieder loszuwerden, steht dagegen. Stellen Sie sich dem Risiko. Bereiten Sie sich auf die Szene vor. Sammeln Sie Argumente, stellen Sie sich auf Gegenargumente ein. Üben Sie den Auftritt. Sie werden selbstsicherer, sind gewappnet, ein Erfolg wird viel wahrscheinlicher.
Testen Sie ein Modell im kleinen, das Sie später auch auf schwierigere Szenen übertragen.

Lust auf Risiko steigern

Wenn Sie Lust verspüren, mutiger und risikobereiter zu werden – und wirklich erst dann sollten Sie es tun –, beginnen Sie so:

 Setzen Sie den folgenden Satz fort. Eine Reihe aufmunternder Varianten gebe ich Ihnen zur Einstimmung:
   Ich würde gern, aber ich traue mich nicht richtig, ...
- *eine Weile im Ausland arbeiten,*

- *Karriere machen,*
- *häufiger widersprechen,*
- *eine neue, interessantere Arbeit annehmen,*
- *meine Seidenmalerei ausstellen,*
- *den Männern im Büro die Meinung geigen,*
- *den unverschämten Kunden in seine Schranken verweisen,*
- *den Kellner rufen, wenn ich glaube, daß mit der Rechnung etwas nicht in Ordnung ist,*
- *das schöne Kleid kaufen, obwohl ich es total verrückt finde,*
- *in einer Diskussion Zweifel anmelden, auch wenn ich mir nicht ganz sicher bin,*
- *eine Aufgabe übernehmen, für die ich mich nicht 100prozentig kompetent fühle,*
- *meinen Mann nötigen, sein Essen selbst zuzubereiten, auch wenn ich weiß, daß er abgespannt ist,*
- *der Freundin zeigen, daß ich richtig wütend auf sie bin,*
- ...
- ...

Über den eigenen Schatten springen

Ein Risiko einzugehen heißt auch, sich über Konventionen hinwegzusetzen, gesellschaftliche Erwartungen bewußt durchbrechen.
Die ungewöhnlichste Geschichte, wie jemand mehr Courage entwickelte, spielte in München. Ein erfahrener Psychologe wurde von einem kompetenten, aber unsicheren Manager gefragt, was er tun könne, um selbstbewußter und mutiger in Besprechungen aufzutreten. Der Kollege war ein gewitzter Mann, der sofort erkannte, dieser Manager brauchte wirklich Unterstüt-

zung, aber eine gängige therapeutische Hilfestellung hätte seine seelische Panzerung kaum schnell genug durchbrochen. Dem Psychologen kam eine ungewöhnliche Idee: Er gab ihm den Auftrag, zwei Tage lang in der Münchner Innenstadt zu betteln. Als Bettler verkleidet saß der daraufhin zehn Stunden an verschiedenen Plätzen. Seine finanzielle Ausbeute war am Ende gering, doch der innere Wandel, den dieses Erlebnis auslöste, war unbezahlbar: »Es forderte ungeheuer viel Mut, die Sicherheit der Kleidung, meines Berufs und meiner sozialen Anerkennung abzulegen. Es auszuhalten, als armer Penner betrachtet zu werden, kostete wirklich große Überwindung, dagegen ist eine selbstbewußte Äußerung in einem Meeting ein Klacks.«
Übertragen Sie diese Idee auf Ihr eigenes Leben. Stellen Sie sich doch einmal ein bißchen dumm, tun Sie so, als wüßten Sie nicht, was ein »Chamäleon« ist oder wer Albert Einstein war. Sich schauspielernd, mit voller Absicht, ein bißchen einfältig zu stellen, kann Ihr Auftreten deutlich verbessern. Das Selbstbewußtsein muß dann von innen kommen. Sie verschaffen sich so eine wichtige Voraussetzung, soziale Risiken einzugehen: Sie lernen, daß man nicht jede Sekunde darauf bedacht sein muß, sich perfekt darzustellen.
Mein Großvater erzählte mir mit diebischer Freude, daß er sich in den Tagen der ersten *Neon*lampen einen Spaß daraus gemacht hatte, von *Nylon*lampen zu sprechen. Er provozierte Belehrungen, Kommentare und hämische Blicke und amüsierte sich insgeheim köstlich darüber. Ihm war es egal, daß die Leute ihn für einfältig hielten, sein Selbstbewußtsein war darauf nicht angewiesen.

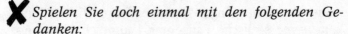 *Spielen Sie doch einmal mit den folgenden Gedanken:*
- *Wörter falsch auszusprechen,*
- *sich vom Kellner erklären zu lassen, was das ist, was da auf dem Teller liegt,*
- *falsch gekleidet loszugehen, z. B. gammelig in ein vornehmes Geschäft,*
- *sich ein Fremdwort übersetzen zu lassen, das man eigentlich kennen sollte.*

Diese kleinen Provokationen bilden ein optimales Übungsfeld, auch andere ungewöhnliche Dinge zu tun. Sie liefern die besten Voraussetzungen, risikobereiter zu werden. Denn die Furcht, an sozialem Ansehen zu verlieren, halte ich für die gravierendste Hürde. Wenn Frauen diese Hemmung abgelegt haben, ist es viel leichter, mutiger zu werden: im Beruf, die eigene Meinung zu vertreten, anspruchsvollere Aufgaben zu übernehmen, sich für besser bezahlte Positionen zu bewerben, die Stelle zu wechseln. In Beziehungen, Zoff besser aushalten zu können, früher den Mut zu finden, unbefriedigende Verhältnisse anzuprangern oder zu beenden. Solche Risiken müssen Frauen verstärkt eingehen, sonst gibt es keine Veränderung. Für das Risiko, Drachen zu fliegen, Autorennen zu fahren oder Fallschirm zu springen, können Sie sich, wenn Sie wollen, dann auch noch entscheiden, aber soweit muß niemand gehen. Nervenkitzlige Abenteuer, Wagemut oder halsbrecherischer Aktionismus bringen sicher Spannung ins Leben, sind für die eine oder andere reizvoll, zwingend sind sie nicht.

Gewinnen wollen

Erfolgreich sein hat auch sehr oft etwas mit Siegenwollen zu tun, doch viele Frauen haben eine Sperre dagegen, sie denken beim Begriff »Siegenwollen« nur an die Niederlage des Gegners, sehen nur das Kriegerische oder die Schläge unter die Gürtellinie. Der Verlierer, als geschlagenes Opfer, steht bei ihnen im Mittelpunkt, und an seinem Leid wollen sie keine Schuld tragen. Sie zerfließen vor Mitleid, wenn sie gewonnen haben und ein anderer zwangsläufig verloren hat.
Die Aussicht auf einen Sieg bringt Frauen in Gewissensnöte. Im »Mensch-ärgere-dich-nicht«-Spiel ist Gewinnen fast reines Vergnügen, die Niederlage des Mitspielers wird beißend kommentiert oder der eigene Erfolg auf größtes eigenes Geschick zurückgeführt. Aber selbst beim harmlosen Spiel kennen wir die schlechten Verlierer. Frauen spüren deren Unfähigkeit sofort. Sie wollen die Harmonie nicht stören, sie »gönnen« dem schlechten Verlierer einen Sieg, weil ihr prüfender Blick ihnen verrät: »Noch eine Niederlage steht er oder sie nicht durch, dann rastet er/sie aus.« Im Spiel ist es für Frauen nicht so wichtig zu gewinnen, im Leben leider auch.
Im Wirtschaftsleben ist Konkurrenz der Schlüsselbegriff: »Konkurrenz belebt das Geschäft.« Das geflügelte Wort weist auf die positive Wirkung von Wettbewerb hin und beschreibt das Mit- und Gegeneinander im Geschäftsleben. Aber auch das hilft den meisten Frauen wenig, auszuhalten, daß ihr Erfolg notwendig mit dem Mißerfolg eines anderen verknüpft ist. Der anonyme Erfolg in einem Einstellungsgespräch mag zu ertragen sein. Sie müssen der Verliererin nicht ins Auge sehen. Aber der direkte Erfolg im Beförderungstauziehen gegen eine Kollegin, die man mag, ist eine harte Prüfung. Petra und Ingrid, zwei Arbeitskolleginnen, bewarben

sich um dieselbe Stelle. Beide wurden zum Vorstellungsgespräch eingeladen, Ingrid wurde eingestellt. Das war hart für sie. Sie hatte ein schlechtes Gewissen. Immer wieder spielte sie mit dem Gedanken, die Stelle nicht anzutreten: »Das kann ich Petra einfach nicht antun.«
Könnte Ihnen so etwas auch passieren?

✘ *Wenn Sie ausführlicher an die Frage der Konkurrenz unter Freunden herangehen wollen (Niederlage der Kollegin), formulieren Sie einige Sätze, die sich auf die Wirkung bei der gemochten Person beziehen. Die Sätze können mit dem Halbsatz beginnen: »Ich bedaure, daß...« Hier kann alles aufgezählt werden, was an möglichen negativen Folgen auf die Freundin oder den Freund zukommen kann.*
Dann schreiben Sie einige Sätze, ebenfalls im Zusammenhang mit Ihrem Erfolg, die mit dem Halbsatz beginnen: »Mein Ziel war es...« Hier sollte alles hinein, was Sie bewegt hat, den Erfolg anzustreben: mehr Verantwortung, spannendere Arbeit, bessere Entlohnung, mehr Freiheiten etc.
Zum Schluß formulieren Sie den Satz: »Ich hätte es auch hinnehmen können, wenn ich das Nachsehen gehabt hätte. Es mußte zwischen uns entschieden werden, es konnte nur eine von uns das Rennen machen. Diesmal war ich es. Und es ist in Ordnung so. Ich bin froh darüber, daß ich gewonnen habe, auch wenn die Freundin mir leid tut.«

Verfahren Sie in anderen Situationen genauso. Es kann einige Zeit dauern, bis Sie spüren, daß Sie diese Einstellung tatsächlich zu *Ihrer* Einstellung gemacht haben.
Falls Sie Ihre Konkurrentin nicht leiden können, läßt

sich mit diesen Sätzen die eigene Bereitschaft zu einem spannungsvollen Konflikt erweitern. Sie können etwas bissiger werden. Wenn Ihnen allerdings gleich die Zornesröte ins Gesicht steigt, sollten Sie sich fragen, ob die Konkurrentin wirklich so wichtig ist.

Wer lernt, Spaß an Konkurrenz und Wettbewerb zu haben, wird an sich selbst erleben, wie Leistungsbereitschaft und Kreativität beflügelt werden.

Den Satz verloren, aber das Spiel gewonnen

Wer in Wettstreit mit anderen tritt, wird gewinnen oder verlieren.

Frauen nehmen Niederlagen leider in der Mehrzahl der Fälle sehr persönlich, sie stecken schnell auf, wagen selten einen neuen Versuch, das Ruder doch noch herumzuwerfen. Sie reagieren sogar mit Schuldgefühlen: »Ich war nicht gut genug!«

Eine einzige Niederlage kann eine Frau in ihrer Entwicklung auf Jahre blockieren, nicht etwa, weil Vorgesetzte oder Freunde sich solche Dinge merken, nein, allein weil der Verliererin der Mut fehlt, einen neuen Anlauf zu wagen. Und sie geht mit sich selbst weitaus härter ins Gericht als alle anderen, sie sieht in einem Fehler die Niederlage, die sie sich einfach nicht verzeihen kann. Dieser überbewertete Fehlschlag lastet auf ihren Schultern und macht es schwer, sich erneut aufzuraffen, wieder durchzustarten, weiter für die eigenen Ideen zu kämpfen. Der seelische Druck läßt sie vor neuen Anläufen zurückschrecken.

Und natürlich können auch Sie die Verliererin sein, und dies ist kein schönes Gefühl. Der Tag wird kommen, an dem Sie ein Ziel zu hoch gesteckt haben, die eigene Leistungsfähigkeit oder Konfliktbereitschaft momentan

falsch eingeschätzt oder einfach einen schlechten Tag hatten. Und Sie werden den kürzeren ziehen.
Bereiten Sie sich auf diese Situation vor. Sie kennen meinen Grundsatz schon: Lassen Sie kein echtes, inneres Scheitern zu. Wenn Sie nur knapp einer Niederlage entronnen sind, fragen Sie:

Was hätte ich in einem solchen Fall getan?
- Sie könnten weiterkämpfen oder
- sich zurückziehen und Kräfte sammeln und
- herausfinden, wo die Weichen für eine Niederlage gestellt wurden.

Vielleicht finden Sie beim ersten Rückblick keine konstruktive Methode, mit einer möglichen Niederlage umzugehen. Sie quälen sich mit dem Bild, verletzt, kraftlos und niedergeschlagen die eigenen Wunden zu lecken. Wenn Sie auf solche Phantasien stoßen, ist es wahrscheinlich, daß Sie durch eine Niederlage starke Schuldgefühle erleben und sich selbst abwerten. Auch wenn Ihnen der Gedanke völlig fremd ist, fest steht:
Eine Niederlage sagt nichts über Ihre Fähigkeiten, Ihre Person oder Ihren Charakter und schon gar nichts über Ihre zukünftigen Chancen aus. Die eigene Unfähigkeit ist die unwahrscheinlichste Erklärung für eine Niederlage.
Wenn Sie sich diese Einstellung zu eigen gemacht haben, sind Sie auch durch einen gravierenden Mißerfolg nicht wirklich aus der Bahn zu werfen. Letztlich wächst der Ansporn: Wie wetze ich diese Scharte wieder aus?
Sammeln Sie auf jeden Fall Kraft für den Fall der Fälle. Entwickeln Sie vorher ein paar Ideen, was Sie tun werden, wenn Sie unterlegen sind:
- sich selbst etwas Gutes tun und Abstand gewinnen,

- mit einer guten Freundin, einem guten Freund zusammen die Geschichte aufdröseln oder sich aufmuntern lassen,
- an neuen Strategien basteln oder sogar
- mit der Suche nach einer neuen Herausforderung beginnen.

Gefühlen Luft machen

All dies kann nicht verhindern, daß es dennoch passiert: Ein Fehlschlag geht Ihnen an die Substanz. Fast immer ist es richtig, die Wut, den Ärger, die Enttäuschung herauszulassen. Natürlich möglichst nicht vor dem Gewinner oder anderen wichtigen Leuten, aber machen Sie Ihrem Ärger wirklich Luft, wenn Ihnen danach zumute ist. Schimpfen Sie wie ein Rohrspatz, schlagen Sie mit der Faust auf den Tisch, zeigen Sie jemandem, den Sie mögen, wie sehr Sie diese Kerbe wurmt. Der Zuschauer soll Sie keinesfalls trösten oder bemitleiden oder Ihnen gar Ihre Gefühle ausreden. Die einzige Unterstützung sollte sein: »Tobe dich aus, denn du bist richtig wütend!« (Keine Sorge, es wird schon genügend Dampf als Energiequelle für neue Taten übrigbleiben.)
Vorsicht ist geboten bei abschwächenden Kommentaren wie: »Ist doch alles nicht so schlimm.« »Nimm es nicht so tragisch.« »Das wird schon wieder.« Solche gutgemeinten Sätze zielen darauf, Sie zu beruhigen, Sie möglichst bald wieder normal reagieren zu lassen. Sie helfen Ihnen in der Regel nicht, eine Niederlage zu verarbeiten.
Der beste Weg, mit einem Fehlschlag umzugehen, ist nachzufragen: »Was kann ich daraus lernen?« Letztlich ist eine Niederlage nichts anderes als ein Punktverlust, den wir uns stärker zu Herzen nehmen.

Erst danach entsteht die innere Freiheit und Gelassenheit, eine neue Strategie zu finden. Nachdem Sie Dampf abgelassen haben, können Sie entscheiden, ob Sie sich ausruhen wollen, ganz neue Ziele oder Wege suchen oder versuchen, den Spieß doch noch umzudrehen. Sagen Sie sich klar und deutlich: »Diesen Satz habe ich verloren, ob das Spiel verloren ist, das werden wir noch sehen.« Und selbst nach einem verlorenen Spiel geht es weiter, Sie entscheiden wie!

Warnsignale ernst nehmen

Alle Menschen müssen akzeptieren, daß es manchmal auch Fehler sind, aus denen wir lernen. Letztlich macht es eine erfolgreiche Kämpferin aus, einen Treffer wegzustecken und weiterzumachen. Ob aus einem Fehler ein Mißerfolg oder gar eine Niederlage wird, liegt in Ihrer Hand.
Fehler erkennt man in der Regel, wenn sie passiert sind. Dennoch ist es ratsam, hinterher zu fragen: »Ist irgendwann das rote Lämpchen angegangen?« Hat es irgend etwas gegeben, das mich vorher gewarnt hat, wachsam zu sein, bevor das Mißgeschick eintrat? Oft findet man in der Rückschau eine Stelle, an der es eine innere Warnung gab, die ignoriert wurde.
Fangen Sie an, auf diese roten Warnlampen zu achten. Eine erfahrene Autofahrerin erzählte mir von einem Glatteisdreher: »Ich habe vorher genau gespürt, Vorsicht, hier könnte es glatt sein, aber ich habe die innere Warnung weggewischt. Pünktlich ankommen war mir wichtiger.«
Marit erzählte einem Bekannten im Vertrauen ein bißchen zuviel über sich und wunderte sich nach einigen Tagen, wer alles von ihrer Beichte erfahren hatte.

Während sie erzählte, hatte sie ein ungutes Gefühl. Sie hat es nicht zugeordnet, leider das Achtungzeichen ignoriert.

Kennen Sie solche Sätze: »Das hätte ich vorher wissen müssen! Auf diese Szene hätte ich mich niemals einlassen dürfen! Hier bin ich viel weiter gegangen, als meine Wachsamkeit mir erlaubt hätte«? Sie weisen darauf hin, daß Warnsignale übersehen wurden.

Auch wenn Sie sich über Ihre eigene »Dusseligkeit« ärgern und lieber nicht so genau hinsehen würden, stehen Sie trotzdem zu diesem Fehler, sagen Sie: »Egal was ich jetzt noch tue, dieser Fehler ist passiert.« Zumindest vor sich selbst sollten Sie die Verantwortung übernehmen, vor anderen müssen Sie nicht jeden Fehler zugeben.

Wenn Sie aber vor anderen einen Fehler zugeben, dann bitte stark und offensiv: »Ja, ich habe einen Fehler gemacht, so ist es dazu gekommen!« Erklären Sie mit wenigen (!) Worten die Ursachen. Und bedenken Sie: Ein Fehler ist niemals ein Grund, sich klein zu machen. Im Mittelpunkt steht die Ursache eines Fehlers, und dafür sind mit Sicherheit nie Sie allein verantwortlich. Verwahren Sie sich gegen Schuldzuweisungen. Um Schuld geht es nie.

Der »leere« Kopf

Für manche ist es schon eine Niederlage, wenn ihnen der tolle Vorschlag oder die schlagfertige Erwiderung erst mit zweistündiger Verzögerung einfällt. »Hinterher hab ich immer die guten Ideen«, beschwerte sich eine

Redaktionsassistentin bei mir über ihren »dummen Kopf«. Innerhalb der Konferenzen war ihr Kopf leer. »Wenn ich es schaffen würde, die guten Ideen zwei Stunden früher zu haben, käme ich ganz groß raus. Doch ich sitze wie ein kleines, staunendes Lämmchen da.«

Viele berufstätige Frauen haben mir ähnliches geschildert. Für sie gibt es nur einen brauchbaren Vorschlag. Sie müssen akzeptieren, daß es wirklich ein Jahr dauern kann, bis Schlagfertigkeit gelernt ist und die ersten guten Ideen im richtigen Moment aufblitzen.

Gerade die »leeren Köpfe« lassen sich nicht wegdiskutieren oder gesundbeten. Hier hilft nur die »Ochsentour«:
- *Bereiten Sie alle Situationen mit »leerem Kopf« ganz geduldig nach.*
- *Erkennen Sie die Hemmungen.*
- *Phantasieren Sie deutlich, wie es mit der guten Idee gelaufen wäre.*
- *Akzeptieren Sie, daß es sechs Monate dauern kann, bis Sie zum ersten Mal spontan eine Idee in der gewünschten Situation haben und umsetzen werden.*
- *Halten Sie gute Ideen immer schriftlich fest, Situationen ähneln sich, Prinzipien sind übertragbar.*
- *Und dann: üben, üben, üben.*

Wenn Sie eine Kämpfernatur sind und bis jetzt stets mit der Nase vorn dabei waren, nehmen Sie sich in den entsprechenden Situationen etwas zurück. Wenn Sie aber bisher zurückhaltend waren, dann zeigen Sie mehr Streitlust. Der leere Kopf kann auf ein Zuviel oder Zuwenig an innerer Beteiligung zurückzuführen sein. Entscheiden Sie, was eher auf Sie zutrifft.

Das Tagebuch des Erfolgs

Die meisten Menschen lassen sich nur davon beeinflussen, was sie schwarz auf weiß besitzen. Deshalb führt auch der Weg zu einer erfolgreicheren Selbstbewertung über diese Brücke: Man beginnt damit, ganz akribisch festzuhalten, was ein Erfolg, und später auch, was ein Mißerfolg war, und wie es dazu kam.

 Nehmen Sie ein schönes Notizheft, eines, das Sie gern in die Hand nehmen, es soll Spaß machen, damit zu arbeiten. Das ist der ideale Aufbewahrungsort für Ihre Erfolge. Mein Vorschlag: Ziehen Sie jeden Tag zu einer festen Zeit, am besten in den Abendstunden, Bilanz: Was ist mir heute gelungen? Wenn Ihnen das zuviel ist, nehmen Sie sich nur zwei oder drei Abende vor.

Der Beginn mag ein wenig zäh sein. Man traut sich nicht recht, scheinbar belanglose Dinge aufzuschreiben:
Die Hausarbeit in 1,5 Stunden geschafft.
Dem eigenen Mann widersprochen.
Den Kindern Hilfe im Haushalt abverlangt.
Der Kollegin eine Arbeit abgegeben.
Tatsächlich drei Abende hintereinander etwas aufgeschrieben.
Mit Gelassenheit einen Fehlkauf umgetauscht.
Am Anfang erscheint alles nicht wert, es niederzuschreiben. Meist braucht es einige Tage, bis man wahrnimmt, daß es tausend kleine alltägliche Zusammenhänge gibt, die den persönlichen Erfolg ausmachen.
Selbst die ganz taffen Frauen setzen dieses Instrument erfolgreich ein. Da findet sich auf der Positiv-Liste:
Dem Chef einen wichtigen Vorschlag gemacht, und er hat akzeptiert.

Meine Präsentation wurde von den Zuhörern mit anerkennendem Tischklopfen bedacht.
Ich habe tatsächlich den Top-Auftrag an Land gezogen.
Die Redeschlacht mit dem Konkurrenten eindeutig nach Punkten gewonnen.
Habe die Reklamation in einen neuen Auftrag umgewandelt.
Mein Thesenpapier wurde akzeptiert.
Alle Anrufe innerhalb der Arbeitszeit abgewickelt, ich kam pünktlich aus dem Büro.
Und auch das gehört ins Erfolgstagebuch: Mit seinem Kind ein sehr persönliches Gespräch geführt zu haben, mit dem Partner fair über eine Meinungsverschiedenheit diskutiert zu haben oder fröhlich aufgestanden zu sein, weil man sich den Spätkrimi verkniffen hat.
Und sicher ist es ein Erfolg, die eigene Joggingmeßlatte heraufgesetzt zu haben, bewußter zu essen, weniger zu rauchen, das Jogaprogramm konsequent durchgehalten zu haben. Oder was mir besonders gefällt, jeden Tag eintragen zu können: »Heute habe ich mir wieder etwas richtig Gutes getan...«
Ein solches Erfolgstagebuch eröffnet die Chance, die eigene Entwicklung zu verfolgen und zu planen: »Beim nächsten Mal kann ich noch etwas weiter gehen.« »Das kann auch klappen, ich könnte es so oder so angehen.« Tägliche Manöverkritik und die Planung der nächsten Schritte zu mehr Erfolg sind Produkte, die ganz beiläufig mit entstehen.
Bis jetzt haben Sie womöglich geglaubt, daß Menschen nur aus Fehlern lernen, nun erleben Sie: Wir lernen nachhaltig auch aus dem, was gut gelaufen ist. Erst durch den Erfolg (eventuell nach einem Irrtum) wissen Sie, wie es richtig geht. In vielen Fällen regen Fehler an, etwas besser zu machen. Doch wie es geht, zeigt nur der

gelungene Versuch. Die Seele begreift: »So funktioniert's, und ich kann es.« Der Beweis der eigenen Fertigkeit ist erbracht.
Auf Mißerfolge sollten Sie deshalb nur wenig Gewicht legen, sie dienen dazu zu fragen: Wie hätte es doch gelingen können? Was soll in einer ähnlichen zukünftigen Situation anders ablaufen?

Über Erfolge reden

Wer eine Vertraute oder einen Vertrauten hat, kann zusätzlich ein Gespräch über die eigenen Erfolge suchen. Wählen Sie dazu nur jemanden aus, der vorher schon weitgehend mit Ihren Bewertungen übereinstimmte, ohne ein Jasager zu sein. Das Gespräch soll helfen herauszufiltern, wodurch Sie erfolgreich waren. Schön wäre es auch, wenn Sie schon vorher ein Gefühl dafür hätten, wo Ihre Erfolge bisher lagen.
Sagen Sie Ihrem Gesprächspartner ganz deutlich, daß es darum geht, die Erfolge innerlich gut zu verankern – Sie erinnern sich an die geistige Urkunde –, sonst diskutieren Sie endlos und ohne wirklichen Nutzen.
Wer Lust dazu verspürt, beginnt damit, auch im Alltag über Erfolg zu reden, selbst wenn er bisher eher über Mißerfolge, Krankheiten oder Dritte gesprochen hat.
Doch Achtung: Wachsamkeit ist geboten. Unter soviel Selbstaufwertung kann manch altes, sturmerprobtes Verhältnis selbst zu guten Freunden knarren. Freundschaften gehen möglicherweise auseinander, weil der Freund, die Freundin deutlich weniger ehrgeizig ist oder keine Konkurrenz neben sich ertragen kann. Selbst gut eingespielte berufliche Zusammenarbeit kann aus solchen Gründen torpediert oder aufgekündigt werden.

Mit Neid umgehen

Zuhörer reagieren auf Erfolge anders als auf Mißerfolge. Offener Neid kann Ihnen entgegenschlagen, aber auch sehr versteckter Neid kommt ins Spiel. Er verbirgt sich meist hinter oberflächlicher Anerkennung. Besonders Sätze wie: »Das hätte ich auch gern getan, wenn nicht diese oder jene Hürde (leider unüberwindlich) im Weg gewesen wäre«, deuten auf eine kritische Grundstimmung. Kommentare und Wertungen sollten in diesem Fall besser wenig ernstgenommen werden.

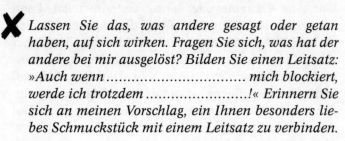

Lassen Sie das, was andere gesagt oder getan haben, auf sich wirken. Fragen Sie sich, was hat der andere bei mir ausgelöst? Bilden Sie einen Leitsatz: »Auch wenn .... mich blockiert, werde ich trotzdem ....!« Erinnern Sie sich an meinen Vorschlag, ein Ihnen besonders liebes Schmuckstück mit einem Leitsatz zu verbinden.

Neid ist ein Sprengsatz. Wenn Sie beginnen, eigene Erfolge wahrzunehmen, kann es sein, daß Sie zum ersten Mal in Ihrem Leben ernstlich mit diesem Störenfried konfrontiert werden. Prüfen Sie sehr genau die Reaktionen Ihrer Umwelt unter diesem Aspekt. Es ist wichtig, daß Sie versteckten Neid erkennen, denn Sie laufen sonst Gefahr, falsche Botschaften über die eigene Leistung viel zu ernst zu nehmen. Neid, der nur kurz aufblitzt und wieder verschwindet, ist harmloser Natur. Wer offen bekennt: »Ich platze vor Neid«, ist selten ein Problem. Aber Neid, der bestehenbleibt, wird bei Ihnen einen zähen Abschiedsprozeß auslösen. Eine solche Spannung kostet viel Energie, und es gibt keine alle zufriedenstellende Lösung. Der Rat, diese Stimmung nicht zu ernst zu nehmen, ist zwar richtig, aber leider leichter gesagt als getan. Es geht an die seelische Substanz, wenn eine wichtige Beziehung ihre Qualität verliert und zur Belastung wird. **Letztlich gibt es nur ein Mittel, solche Verletzungen zu mildern: Suchen Sie neue Kontakte oder verstärken Sie solche, die Ihren Ehrgeiz, Ihre Lebensfreude und Ihren Willen, Dinge zu verändern, unterstützen.**

Falls es schwerfällt, Neid zu erkennen, starten Sie damit, jedes eigene Unwohlsein bei einem Gespräch über Erfolg genau unter die Lupe zu nehmen. Es könnte ein Signal sein, daß jemand mit »zwei Zungen« redet. Wenn Sie nur auf die Worte hören, scheint alles in Ordnung, doch wenn Sie stärker auf die Stimmung, die Botschaft hinter den Worten achten, fällt Ihnen ein Unterton auf, der den Neid transportiert und in Ihr Bewußtsein trägt. Fragen Sie sich dann: Was ist die Botschaft hinter den Worten, was will mir der Sprecher durch die Blume mitteilen? Sperren Sie also Ihr Selbstoffenbarungsohr weit auf!

Es ist wichtig, Neid von Kritik zu unterscheiden. Neid ist zerstörerisch, und Beziehungen zerbrechen oft daran, aber mit Kritik umgehen zu lernen, ist *unverzichtbar*. Das steht allen bevor, die auf Erfolgskurs gehen. Kritiker gibt es dann immer und überall. Sie sind der Wetzstein für die rhetorischen Waffen der bösen Mädchen, und Sie sollten (fast) keine Gelegenheit auslassen, Ihre Fähigkeit zu schulen, auch verbal zu gewinnen.

Langsame Abschiede

Je weiter Sie sich von Ihren alten Lebensmustern und Vorstellungen entfernen, um so wahrscheinlicher wird es, daß sich auch Ihre Beziehungen zu Freunden und Verwandten verändern. Die Distanz, die sich entwickelt, kann so groß werden, daß Beziehungen auseinanderbrechen, selbst wenn sie vorher sehr eng waren. Zum Glück sind solche harten Brüche selten. Worauf Sie sich dennoch vorbereiten sollten: Die Art vieler Beziehungen wird sich ändern. Wo früher gemeinsame Interessen und Ansichten Gesprächsstoff und Freizeitaktivitäten ermöglichten, klaffen jetzt Neigungen auseinander. Und Sie werden andere Menschen kennenlernen, die eher auf Ihrer neuen Wellenlänge liegen. Die *alten* Freunde und die *neuen* haben wahrscheinlich wenig Gemeinsames.

Neue Ziele, andere Interessen nehmen Sie in Anspruch. Es kann sein, daß Sie die einzige in Ihrer Umgebung sind, die persönlich wirklich weiterkommen will. Ihre Wertvorstellungen werden sich weiterentwickeln, und Sie werden sich damit unter Umständen von Bekannten, Nachbarn und Freunden abheben.

Akzeptieren Sie: Für die Dinge, die Sie *früher* getan haben und toll fanden und heute nicht missen wollen, haben Sie *alte* Freunde. Für neue Interessen und Aktivitäten haben Sie *neue* Kontakte.

Sie brauchen Rückhalt von Gleichgesinnten. Sie werden sich mit Ihren *alten* Freunden nur in Ausnahmefällen über Ihre neuen Interessen austauschen können. Die alten Freundschaften werden mit der Zeit wahrscheinlich an Intensität verlieren, die neuen gewinnen. Bereiten Sie sich auf kritische Bemerkungen Ihrer *alten* Freunde vor.

Sei egoistisch, was sonst

Jeder Mensch soll und darf sein eigenes Leben leben. Das geht nur, wenn er sich selbst an die erste Stelle

setzt. Denken Sie zuerst an sich, bevor Sie an Ihre Kinder, Ihren Mann, Ihre Freunde, Ihre Kollegen denken.
Frauen haben eine Zentnerlast mit auf den Lebensweg bekommen: Man hat sie gelehrt, daß Weiblichkeit und Frausein verzichten heiß. Eigene Interessen konsequent anzusteuern wird – durch diesen Ballast – zur Gewissensqual.
Tun Sie es trotzdem, werfen Sie den Ballast ab. Aber zwingen Sie sich nicht, *jetzt sofort alles* anders zu machen. Das mag verführerisch sein, ist aber zum Scheitern verurteilt. Deshalb darf Ihr Grundrezept nur lauten:
Es ist nicht wichtig, wie schnell oder wie weit ich mich bewege, wichtig ist allein, daß ich mich bewege.
Und falls Sie zweifeln, ob Sie Ihren Kurs zum Böserwerden noch einhalten, hier die Wegweiser für die bösen Mädchen:

- *Entwickeln Sie starke Erwartungen.*

Nur dann, wenn Sie eine klare Vorstellung haben, wohin Ihre Reise gehen soll, werden Sie Ihre Ziele erreichen. Nehmen Sie sich Zeit, diese Ziele zu finden.

- *Sorgen Sie für sich.*

Verzichten Sie auf Gefälligkeiten. Sie sind nicht als Leibeigene geboren.

- *Übernehmen Sie die Führung, wo immer Sie die Gelegenheit dazu haben.*

Sie fühlen Verantwortung oder haben sie sowieso? Dann sollten Sie auch bestimmen, wohin die Reise geht.

- *Für böse Mädchen ist Romantik ein Fremdwort.*

Das sehnsüchtige Warten auf Retter und Prinzen ist das Glück der Aschenputtel. Starke Frauen kennen die eigenen Stärken und die Stärken des Partners. Beziehungen leben aus dem Wissen um diese Stärken, niemals von romantischen Hoffnungen.

- *Kein Verhalten, das Sie bei einem anderen stört, wird sich allein durch die Zeit verbessern.*

Daß *er* ruhiger wird, daß *er*, wenn die Kinder größer sind, mehr mit ihnen anfangen kann, daß *er*, wenn *er* »nur die Chance dazu bekäme«, netter zu Ihnen sein würde, sind trügerische Hoffnungen.
Die Liste illusorischer Erwartungen ist endlos. Wenn Sie glauben, daß Ihre Partnerschaft schon funktionieren wird, wenn aus *ihm* erst der Mensch geworden ist, den Sie tief hinter seiner Fassade vermuten, irren Sie. Nichts wird sich auf wunderbare Weise ändern. Fordern Sie Veränderungen jetzt, verlangen Sie immer nach einem deutlich sichtbaren Zeichen für den Beginn.
- *Hoffen und Harren macht Frauen zu Narren.*

Was Sie wollen, bekommen Sie jetzt oder nie. Jeder kann etwas falsch machen, und jeder kann daraus lernen und sich verändern.
Starke Frauen verzeihen erst, wenn sie neues, verändertes Verhalten an der kritisierten Stelle sehen, keine Sekunde früher. Verzeihen gibt es nicht auf Kredit. Gehen Sie nie mit Ihrem Vergeben in Vorleistung.
Die bösen Mädchen wissen: »Ich muß selbst für mein Lebensgefühl sorgen, niemand kann mir diese Aufgabe abnehmen.«
Der wichtigste Mensch, den ich kenne, bin ich selbst.
Ein Gedicht von Fritz Perls bringt es auf den Punkt:
Ich bin ich,
Du bist Du.
Ich lebe mein Leben,
Du lebst Dein Leben.
Ich bin nicht auf dieser Welt,
um Deine Erwartungen zu erfüllen.
Du bist nicht auf dieser Welt,
um meine Erwartungen zu erfüllen.
Wenn wir uns durch Zufall finden,
dann ist es wunderbar,
wenn nicht, können wir es nicht ändern.

… **Anhang**

Test 1
Schon böse genug?

Dieser Test hilft Ihnen, herauszufinden, wie weit Sie mit dem Bösesein schon gekommen sind und wo die Hindernisse liegen.
Entscheiden Sie sich für die Antwort oder die Antworten, die am ehesten auf Sie zutreffen.
Markieren Sie den Buchstaben Ihrer Antwort. Zählen Sie zur Auswertung, wie oft Sie jeden Buchstaben markiert haben.

**Jede(r) hat ab und an einen Streit zu bestehen.
Was kommt bei Ihnen dabei heraus?**
(Bitte wählen Sie zwei Antworten aus.)

_____ C	Ich erreiche, was ich mir vorgenommen habe.
_____ G	Es bleibt alles beim alten. Meistens ändert sich wenig.
_____ B	Ich habe Dampf abgelassen, und danach fühle ich mich besser.
_____ A	Es gibt einen riesigen Krach.
_____ C	Nachdem sich die Wogen geglättet haben, ergeben sich konstruktive Gespräche.
_____ H	Vordergründig erreiche ich, was ich will, am Ende geht es jedoch weiter wie bisher.
_____ G	Ich zeige meinen Ärger auf keinen Fall.
_____ H	Ich bleibe in der Regel dennoch sachlich.

Welcher der folgenden Begriffe paßt Ihrer Meinung nach am besten zu Selbstbehauptung?
(Eine Anwort.)

_____ E	Gewalt
_____ F	Menschenverachtung
_____ B	Gefahr
_____ C	Durchsetzungskraft
_____ H	Verteidigung

Welcher der folgenden Aussagen stimmen Sie zu?
(Bitte wählen Sie zwei Antworten aus.)

C	Ein Streit reinigt die Luft.
C	Man muß auch dem Chef ab und an mal die Meinung sagen.
G	Kompromißbereitschaft ist das A und O jeder Geschäftsbeziehung.
E	Mit einem Lächeln kommt man weiter als mit bedingungsloser Konfrontation.
H	Man muß im Job öfter mal die Faust in der Tasche ballen.
E	Man muß auch nachgeben können.
F	Streit vertieft nur Gräben.
D	Streit muß sein, selbst wenn manchmal jemand auf der Strecke bleibt.

Sie möchten gern ins Kino gehen. Wie fragen Sie Ihren Partner, ob er mitkommt? (Eine Anwort.)

B	Ich möchte gern ins Kino gehen, hast du auch Lust?
A	Ich gehe jetzt ins Kino!
C	Ich gehe ins Roxy, da läuft »Der bewegte Mann«, kommst du mit?
E	Hast du Lust ins Kino zu gehen? Wenn ja, sehe ich mal ins Kinoprogramm.
H	Hast du heute abend schon was vor?
F	Ich langweile mich. Hast du eine Idee, was wir machen können?

Gründe, sich selbst zu mögen.
(Bitte wählen Sie drei Antworten aus.)

Ich mag mich, weil ...

_____ **E**	... ich gut zuhören kann.
_____ **C**	... ich oft gute Ideen habe.
_____ **F**	... mir andere zeigen, daß sie mich mögen.
_____ **G**	... ich ein gutes Einfühlungsvermögen habe.
_____ **B**	... ich auf einem bestimmten Gebiet begabt bin.
_____ **A**	... ich ausdauernd arbeiten kann.
_____ **B**	... ich für andere einstehen kann.
_____ **C**	... ich weiß, was ich will.
_____ **D**	... ich Ehrgeiz besitze.

Was empfinden Sie?
(Eine Antwort.)

__C__	Das könnte ich sein.
__G__	Dazu fehlt mir der Mut.
__E__	Muß sie sich so aufblasen?
__D__	Ich gäbe viel dafür, auch dorthin zu kommen.
__B__	Die gefällt mir.

Welche dieser Regeln befolgen Sie im Beruf?
(Eine Antwort.)

- _____ D   Im Beruf konzentriere ich mich stark auf erfolgversprechende Aufgaben.
- _____ C   Langfristige Ziele halte ich deutlich im Auge.
- _____ B   Ich pflege gezielt Kontakte zu Menschen, die Einfluß haben.
- _____ A   Ich verschwende wenig Gedanken darauf, was Kollegen über mich denken.
- _____ C   Ich schließe eindeutige Vereinbarungen ab und stelle klare Forderungen.
- _____ E   Eigentlich befolge ich keine dieser Regeln.

In welchen Bereichen würden Sie sich als risikobereit einstufen?
(Mehrere Antworten sind möglich.)

- _____ C   Geldanlage
- _____ D   Stellenwechsel
- _____ B   unbekannte Reiseziele
- _____ B   Fahrt ins Blaue
- _____ C   Entscheidungen treffen im Beruf
- _____ D   Partnerschaft eingehen oder beenden

Auf welchen Gebieten sind Sie begabt?
(Sie können mehrere Gebiete ankreuzen.)

_____ mathematisch

_____ sprachlich

_____ künstlerisch

_____ musisch

_____ sozial

_____ Sonstiges

_____D mehr als zwei Kreuze

_____C zwei Kreuze

_____H weniger als zwei Kreuze

Sie haben eine neue Frisur, einen neuen Job oder einen neuen Freund. Beeinflußt es Sie, was andere Menschen darüber denken könnten?
(Eine Antwort.)

_____D sehr wenig

_____C etwas schon

_____H ziemlich

Was denken Sie über Karrierefrauen?
(Eine Antwort.)

	G	Soviel ist mir der Beruf nicht wert.
	H	Arbeit ist nur das halbe Leben.
	A	Die schlafen sich nach oben.
	H	Die wollen die Männer rechts überholen.
	C	Die nehmen ihr Leben selbst in die Hand.
	D	Dafür lohnt es sich, auf anderes zu verzichten.
	B	»Karriere«, das klingt spannend.

Was denken Sie, wenn ein Freund Sie böse ansieht, Sie aber beim besten Willen nicht wissen, warum?
(Eine Antwort.)

_____	F	Er mag mich nicht.
_____	E	Ich muß etwas tun, damit er wieder freundlich schaut.
_____	G	Hab ich doch etwas falsch gemacht?
_____	A	Er ist doof.
_____	C	Das hat nichts mit mir zu tun.

Was denken Sie, wenn ein Kollege Sie böse ansieht, Sie aber beim besten Willen nicht wissen, warum?
(Eine Antwort.)

_____	H	Er hat etwas gegen mich.
_____	B	Ich muß etwas tun, damit er wieder freundlich schaut.
_____	C	Das hat nichts mit mir zu tun.
_____	G	Was hab ich bloß falsch gemacht?
_____	A	Er ist doof.

Was denken Sie, wenn eine fremde Person Sie böse ansieht, Sie aber beim besten Willen nicht wissen, warum?
(Eine Antwort.)

_____ H Irgend etwas stört sie an mir.

_____ F Ich muß etwas tun, damit sie freundlich schaut.

_____ E Was kann ich falsch gemacht haben?

_____ C Sie ist doof.

_____ B Das hat nichts mit mir zu tun.

Was würden Sie am liebsten tun nach einem Streit, bei dem Sie gewonnen haben?
(Eine Antwort.)

_____ D Zeigen, wie stolz Sie sind.

_____ B Die Wogen glätten.

_____ E Sich vor der nächsten Begegnung drücken.

_____ B Etwas dafür tun, daß der andere Sie wieder mag.

Was würden Sie am liebsten tun nach einem Streit, bei dem Sie verloren haben?
(Eine Antwort.)

_____	H	Richtig beleidigt schmollen.
_____	E	Die Wogen glätten.
_____	G	Sich vor der nächsten Begegnung drücken.
_____	F	Etwas dafür tun, daß der andere Sie wieder mag.
_____	B	Sie reden mit anderen darüber, schütten Ihr Herz aus.

Ein für Sie beruflich wichtiger Mensch bittet Sie um einen Gefallen! Sie haben weder Zeit noch Lust, den Wunsch zu erfüllen. Was tun Sie?
(Je eine Antwort.)

Kollege	Chef	
C	D	Sie lehnen die Bitte ab.
E	G	Sie sagen »ja« und ärgern sich.
B	C	Sie sagen mit schlechtem Gewissen »nein«.
C	C	Sie erfinden eine Ausrede.

Sie haben eine Aufgabe bekommen, die Ihrer Karriere einen Kick geben wird. Eine gute Freundin hat sich auch für diese Aufgabe beworben. Was geht Ihnen durch den Kopf?
(Eine Antwort.)

	E	Das war unfair von mir.
	A	Ich bin eben die Qualifiziertere.
	H	Vielleicht hätte ich doch verzichten sollen.
	F	Nun bekommt unser gutes Verhältnis einen Knacks.
	G	Ich habe panische Angst, bei der Aufgabe etwas falsch zu machen.
	C	Ich freue mich, daß ich es geschafft habe.

Wie genau sagen/zeigen Sie einem neuen Liebhaber, was Sie im Bett wollen?
(Eine Antwort.)

	C	Ich sage unmißverständlich, was mir gefällt und was nicht.
	B	Wenn er mir weh tut, sage ich es.
	G	Wenn ich enttäuscht bin, behalte ich es für mich.
	D	Ich sage und zeige, was ich haben will.
	A	Wenn er mich enttäuscht, sage ich ihm, was für ein schlechter Lover er ist.

Sie haben Wut im Bauch, wie gehen Sie damit um?
(Eine Antwort.)

___E___ Sie fühlen sich schuldig.

___F___ Sie befürchten, sich und anderen zu schaden.

___G___ Sie lenken sich ab und tun freundlich.

___C___ Sie toben sich aus.

___B___ Sie schlagen auf ein Kissen.

___D___ Sie suchen und bekämpfen die Quelle Ihrer Wut

___B___ Sie rufen eine Freundin an, reden sich die Wut vom Leib.

Was empfinden Sie?
(Bitte wählen Sie zwei Antworten aus.)

	G	So etwas ist mir unbehaglich.
	H	So möchte ich nicht sein.
	B	Das würde ich mich auch gern trauen.
	F	Vom Schreien bekommt man höchstens Falten.
	E	Das erinnert mich an Szenen, die ich bei anderen erlebt habe.
	C	Manchmal ist es mir völlig gleichgültig, ob ich vor anderen mein Gesicht verziehe.
	C	Ärger aufstauen macht nur Magenschmerzen.
	A	Richtig so!
	C	Toben ist gut, ein klärendes Gespräch läßt sich danach immer noch führen.

**Sie sitzen in einem langweiligen Theaterstück.
Wie verhalten Sie sich?**
(Eine Antwort.)

_____ **D**   Sie stehen laut auf und gehen.

_____ **C**   Sie stehen leise auf und gehen.

_____ **B**   Sie gehen in der Pause.

_____ **H**   Sie bleiben bis zum Schluß, es könnte noch etwas Spannendes kommen.

**Ein netter Kollege hat einen Fehler gemacht,
Sie haben dadurch Nachteile. Was machen Sie?**
(Eine Antwort.)

_____ **D**   Sie stellen ihn verärgert zur Rede.

_____ **C**   Sie zeigen ihm, daß Sie sich ärgern, bleiben aber moderat.

_____ **B**   Sie vergessen das Ganze so schnell wie möglich.

_____ **G**   Sie sagen ihm, es wäre nicht so schlimm.

Ihr Partner hat nur zögernd einem gemeinsamen Urlaub zugestimmt. Beim ersten Streit hält er Ihnen vor, er wäre besser allein gefahren. Wie reagieren Sie?
(Eine Antwort.)

___F___ Sie beruhigen ihn, stecken zurück.

___C___ Sie schlagen ihm vor, zum Flughafen zu fahren und ihn dort abzusetzen.

___D___ Sie beenden die Beziehung.

___A___ Sie werfen ein Glas an die Wand, knapp an seinem Kopf vorbei.

___B___ Sie ignorieren seine Kommentare und warten ab.

Zwei Kolleginnen, die Sie sehr schätzen, verabreden sich, einen wirklich ekelhaften Vorgesetzen regelrecht zu mobben. Machen Sie mit?
(Eine Antwort.)

___A___ Ja.

___E___ Nein.

___B___ Muß ich mir gut überlegen.

___D___ Wenn ich glaube, daß man ihn so los wird, ja.

Auswertung

Addieren Sie die markierten Buchstaben.

A ___	E ___
B ___	F ___
C ___	G ___
D ___	H ___

So stark trifft die jeweilige Eigenschaft auf Sie zu:

A Wirkungslose Bosheit

über 6: Ihre Vorstellung von Selbstbehauptung und Bosheit bringt Sie in Schwierigkeiten. Sie verwechseln Bosheit mit destruktiver Aggressivität. Wirklich gewinnen werden Sie so selten, Ihre Bosheit bringt Ihnen wahrscheinlich nur Isolation ein. In diesem Fall kann es hilfreich sein, zuerst nach Verbündeten Ausschau zu halten.

3 bis 6: Bei dieser Punktzahl, und wenn Sie das Gefühl haben, oft mit Ihrer Meinung oder in einem Konflikt allein zu stehen, wäre es sinnvoll, zunächst das Kooperieren, und erst wenn dies klappt, das Bösesein zu starten.

0 bis 2: Aggression ohne Wirkung ist nicht Ihr Thema. Wenn Sie Biß zeigen, kommt auch etwas heraus.

B Sich für andere einsetzen

über 12: Ihr Bösesein beschränkt sich wahrscheinlich darauf, verbriefte Rechte in Anspruch zu nehmen, zu den eigenen Gefühlen zu stehen und bei Ungerechtigkeiten gegenüber Dritten hörbar Partei zu ergreifen. Das

sind wichtige Bausteine, selbstsicher und ehrgeizig zu werden. Bauen Sie Ihre Fähigkeit zu streiten weiter aus.
5 bis 11: Es kommt vor, daß Sie für andere sprechen oder sich gegen eine Ungerechtigkeit wehren, Ihre starke Seite ist dies aber nicht.
0 bis 4: Kleine Bosheiten sind nicht Ihr Thema. Sie werden bei den Auswertungen der E- bis H-Werte erkennen, weshalb das so ist.

C Durchsetzungsstärke
über 15: Ihre Bosheit zeigt deutliche Wirkung. Sie wissen sie als Waffe einzusetzen und tun es häufiger. Sie sind konfliktbereit, haben ein ausgeprägtes Selbstbewußtsein und wissen sich oft erfolgreich durchzusetzen. Regeln neu zu definieren (zu brechen) bereitet Ihnen Vergnügen. Dennoch kennen Sie auch Zeiten, in denen Sie die Zügel etwas schleifen lassen und einen beschaulicheren Lebensrhythmus wählen.
8 bis 15: Sie lassen sich die Butter nicht vom Brot nehmen, doch allzuoft setzen Sie Ihre Fähigkeit, kräftig auszuteilen, nicht ein. Sie heben sich den großen Auftritt für die wirklich wichtigen Auseinandersetzungen auf.
0 bis 7: Sie verhalten sich eher zurückhaltend. Wenn Sie das ändern möchten, werden Sie bei den Auswertungen der E- bis H-Werte erkennen, weshalb Ihr Biß recht harmlos bleibt.

D Kämpfermentalität
über 8: Ihre Bosheit ist rasierklingenscharf. Andere werden Sie mit Sicherheit als skrupellos und/oder machtgierig beschreiben. Lassen Sie sich nicht irritieren, Sie leben einen erfolgversprechenden Ehrgeiz aus. Achten Sie allerdings darauf, Bosheit nicht zum Selbstzweck werden zu lassen, das gilt besonders, wenn Sie einen mittleren A-Wert erreichen.

4 bis 8: Sie wissen die harte Auseinandersetzung wohl zu schätzen, doch ist sie Ihnen nicht alles. Sie gehen recht behutsam um mit Ihrer Fähigkeit, andere messerscharf zu entlarven.

0 bis 3: Sie scheuen vor einer harten Auseinandersetzung zurück. Wenn Sie dies ändern wollen, werden Sie bei den Auswertungen der E- bis H-Werte erkennen, welche Hürden Sie aufgebaut haben.

E Konfliktscheu

über 7: Sie sind ein friedliebender Mensch, Konflikte sind Ihnen verhaßt. Um des lieben Friedens willen werden Sie manchen faulen Kompromiß eingehen. Wollen Sie daran etwas ändern, beginnen Sie damit, Ihren eigenen Ärger wahrzunehmen und auszudrücken. Als Start zu mehr Biß wäre dies ein guter Anfang.

4 bis 7: In Konflikte lassen Sie sich nur ungern hineinziehen. Ihre innere Bereitschaft, sich einer Auseinandersetzung zu stellen, ist dennoch vorhanden. Hören Sie öfter auf den Teil in sich, der sich der Auseinandersetzung stellen will.

0 bis 3: Sie flüchten weniger vor Konflikten, Sie suchen eher die direkte Auseinandersetzung. Weiter so.

F Liebesverlust

über 6: Sie sorgen sich über Gebühr, ob Sie von anderen gemocht werden. Sicher gibt es genug Menschen, die Ihnen zugetan sind. Der Verzicht auf Biß und Auseinandersetzung wirkt sich negativ auf Ihre Stimmung aus. Der Ausweg: Wenn andere Ihnen zeigen, daß Sie anerkannt sind, hören Sie mit »doppelt großen« Ohren zu. Streiten und für die eigenen Vorstellungen kämpfen fällt dann leichter.

3 bis 6: So abhängig von Zuwendung sind Sie nicht, wie Sie befürchten. Testen Sie, was passiert, wenn Sie einem

Menschen, den Sie mögen, deutlich widersprechen. Die Beziehung wird keinesfalls zerbrechen, im Gegenteil, sie wird sich wahrscheinlich vertiefen. Probieren Sie es aus.
0 bis 2: Sie wissen, daß Sie gemocht werden. Bei Auseinandersetzungen schöpfen Sie daraus Kraft.

G Blockaden
über 6: Sie stehen sich oft selbst im Weg, stellen Ihr Licht unter den Scheffel. Wer nicht an seine eigenen Fähigkeiten glaubt, wird kaum erfolgreich für seine Meinung streiten können. Finden Sie deshalb zuerst Ihre starken Seiten heraus. Lassen Sie andere ab und an erkennen, daß Sie nicht die graue Maus sind, für die viele Sie halten. Dann kommt Biß fast von selbst.
3 bis 6: Wenn Sie eine Sache richtig anpacken, kommt auch etwas dabei heraus, das haben Sie schon häufiger erfahren. Leider setzen Sie diese Fähigkeit viel zu selten ein. Das läßt sich ändern. Fangen Sie an.
0 bis 2: Sie kennen Ihre Fähigkeiten, und Sie zeigen anderen deutlich, daß Sie sie besitzen.

H Verzagtheit
über 6: Ihnen fehlt Freude an Ihrem Leben oder an Ihrer Arbeit. Für dieses Defizit läßt sich schlecht ein allgemeiner Rat geben. Wenn Sie sich jedoch besser durchsetzen wollen, wäre es sinnvoll, herauszufinden, was Ihnen wirklich Spaß machen könnte.
3 bis 6: Zu selten haben Sie richtig gute Laune. Sie glauben, die fröhlichen Menschen trügen eine rosarote Brille. Die Dinge positiver zu sehen könnte Ihnen helfen, Schritt für Schritt ein angenehmeres Lebensgefühl zu erreichen. Gute Stimmung ist oft eine Frage des Blickwinkels.
0 bis 2: Sie haben Freude am Leben und genießen Ihre Zeit, im Privaten und im Beruf.

Anmerkung: Niemand handelt bei allen Konflikten gleich. Wenn Ihnen Ihre Ergebnisse widersprüchlich erscheinen, haben Sie vermutlich recht unterschiedliche Konflikttechniken, je nachdem, in welcher Stimmung Sie sich befinden oder in welcher Umgebung Sie sich aufhalten. Das ist kein Beinbruch, im Gegenteil, es zeugt von einer differenzierten Lebenssicht.

Test 2
Siegen, Lust oder Frust

Dieser Test zeigt die Erklärungsmuster, die Sie für
Erfolg oder Mißerfolg anwenden.
Markieren Sie den Buchstaben Ihrer Antwort.
(Bitte nur eine Antwort je Frage.)

**Sie stoßen eine Vase um.
Was sagen Sie wahrscheinlich?**

_____ B	Wußte ich es doch, das kann nur mir passieren.
_____ E	Wer hat die so dumm hingestellt.
_____ V	Die armen Blumen.
_____ I	Ich hätte die Vase anders hinstellen sollen.
_____ S	Jetzt kommt sie woanders hin.

**Sie geraten in eine kritische Situation
beim Autofahren, alles geht aber glimpflich ab.
Was denken Sie?**

___I___   Ich hätte etwas vorausschauender fahren sollen.

___E___   Die Leute fahren heute wohl alle verrückt.

___B___   Ich bin auch ziemlich unsicher gefahren.

___V___   Ganz schön Glück gehabt.

___S___   Wenn ich nicht so clever reagiert hätte, wäre das ganz schön ins Auge gegangen.

**Sie führen eine interessante, aber auch sehr
angespannte Diskussion mit einem Menschen,
den Sie schätzen. Plötzlich bricht er das Gespräch ab
und behauptet, mit Ihnen könne man überhaupt
nicht diskutieren. Was denken Sie?**

___E___   Das hätte ich nicht von ihm gedacht.

___I___   Ich hätte nicht so hart argumentieren dürfen.

___V___   Kein Stehvermögen, dieser Mensch.

___B___   Hätte ich nur den Mund gehalten.

___S___   Ich hätte aufpassen sollen, wo er empfindlich reagiert.

**Ihr Chef ist mit einer Arbeit unzufrieden,
die Sie vollkommen in Ordnung finden.
Welche Gedanken beschäftigen Sie?**

___E___ Was ist los mit ihm, ist ihm eine Laus über die Leber gelaufen?

___B___ Hab ich irgend etwas falsch gemacht, daß er so reagiert?

___E___ Ich muß nächstens besser zuhören, was er will.

___S___ Morgen spreche ich ihn auf diese Sache nochmals an, irgendwas ist nicht in Ordnung.

___V___ Er hat einen schlechten Tag, morgen ist alles anders.

**Der Friseur hat Ihre Haare geschnitten,
und es gefällt Ihnen überhaupt nicht.
Ihre Reaktion:**

___S___ Da gehe ich morgen hin, er muß das wieder in Ordnung bringen.

___I___ Ich hätte genauer erklären sollen, was ich haben will.

___E___ Er hat wahrscheinlich überhaupt nicht zugehört, was ich haben wollte.

___B___ Was ist bloß schiefgelaufen, ich hab keine Ahnung.

___V___ In zwei Wochen ist alles wieder gut.

**Eine Freundin spricht hinter Ihrem Rücken
schlecht über Sie.
Was beschäftigt Sie?**

____V____	Sie wird es nicht so gemeint haben.
____S____	Ich werde Sie jetzt anrufen und herauskriegen, was los ist.
____I____	Ich muß vorsichtiger sein, ich erzähle zuviel von mir.
____B____	Man kann keinem mehr trauen.
____E____	Sie hat sicher Probleme, wenn sie so etwas erzählt.

**Sie haben die Chance, eine anspruchsvolle Aufgabe
zu übernehmen.
Welche Überlegungen bestimmen Sie?**

____B____	Wenn das mal gutgeht.
____V____	Es wird alles nicht so heiß gegessen, wie es gekocht wird.
____I____	Es kommt auf mich an, was ich daraus mache.
____E____	Man weiß vorher nie, welche Schwierigkeiten auftauchen.
____S____	Das ist meine Chance, da knie ich mich rein, und es wird spitze.

**Sie haben ein tolles Essen gekocht, Ihnen schmeckt es wunderbar, die Familie aber meckert.
Was sagen Sie?**

_____ E Ihr mögt immer nur das gleiche langweilige Essen.

_____ B Euch kann man es nicht recht machen.

_____ I O.K. Das nächste Mal frage ich vorher, was ihr essen wollt.

_____ V Ich habe mir wirklich Mühe gegeben, und jetzt das Gemeckere.

_____ S Wem es nicht schmeckt, der kann sich gern was anderes machen.

**Sie haben wieder angefangen, ein bißchen Sport zu treiben.
Welche Ideen kommen?**

_____ B Ich werde nach einigen Versuchen doch wieder das Handtuch werfen.

_____ I Ich mache wohl einen jämmerlichen Eindruck.

_____ E Die blöden Kommentare können einem den ganzen Spaß verderben.

_____ V Ich tue so, als würde ich nichts hören.

_____ S Wenn die anderen lästern oder meckern, egal. Mir tut's gut.

**Sie haben sich ein neues Hobby zugelegt,
die ersten Versuche sind wenig ermutigend.
Was passiert?**

B	Nach ein, zwei weiteren Versuchen werde ich doch wieder aufhören.
I	Ich finde heraus, was ich falsch mache.
E	Wenn ein dummer Kommentar kommt, verläßt mich der Mut.
V	Irgendwann klappt alles von selbst.
S	Ich hole mir Rat bei jemandem, der sich auch mit diesem Hobby beschäftigt.

**Ihre Freundin schlägt Ihnen vor, einen Kurs
»Radwechseln und kleine Autoreparaturen«
zu besuchen.
Was antworten Sie?**

B	Da stell ich mich sicher total ungeschickt an.
I	Man könnte es mal probieren, aber wenn ich mich dumm anstelle, verschwinde ich wieder.
S	Das ist eine gute Idee. Es wird Zeit, daß ich mich damit besser auskenne.
E	Dann lachen uns alle in der Nachbarschaft aus.
V	So etwas werde ich nie brauchen.

**Sie haben sich im Job schlecht verkauft.
Was ist die wahrscheinlichste Erklärung?**

___I___ Ich habe wahrscheinlich schlecht geschlafen.

___E___ Ich war bei der Geschichte auf die Zuarbeit anderer angewiesen, die haben geschludert.

___S___ Ich habe mich nachlässig auf die Sache vorbereitet, ich werde die Scharte wieder auswetzen.

___B___ Mich selbst gut verkaufen konnte ich noch nie.

___V___ Eigentlich habe ich mich gut verkauft, aber der Chef hat mich im Visier.

Auswertung

Addieren Sie die markierten Buchstaben:

___E___ externe Attribuierung

___I___ interne Attribuierung

___S___ hohe Erfolgserwartung

___B___ Blockaden

___V___ Verdrängung

Zu den einzelnen Werten:

E-Wert: zeigt die Bereitschaft, Ursachen von *Mißerfolg außerhalb der eigenen Person zu suchen*. Bei einem Wert unter 3 zeigen Sie eine eher schwache Bereitschaft, bei einem Wert über 3 eine eher starke Bereitschaft.

I-Wert: zeigt, wie deutlich Sie sich als *Verursacher von Problemen* sehen. Bei einem Wert unter 3 Wert eher selten, bei einem Wert über 3 eher häufiger.

S-Wert: zeigt, wie groß Ihr Potential ist, *Konflikte befriedigend zu lösen*. Ein Wert unter 3 zeigt ein geringeres Potential, ein Wert über 3 ein ausgeprägtes Potential.

B-Wert: zeigt, wie stark Sie *blockiert* reagieren. Ein Wert unter 3 zeigt, Sie reagieren nur schwach blockiert, ein Wert über 3 zeigt, Sie reagieren eher stärker blockiert.

V-Wert: zeigt, wie sehr Sie *Probleme verleugnen*. Ein Wert unter 3 zeigt, Sie leugnen Probleme weniger, ein Wert über 3 zeigt, Sie verleugnen Probleme stärker.

Im Kapitel *Frech und fröhlich zum Ziel* wird genauer erläutert, welche Bedeutung die einzelnen Kategorien haben.

Über die Autorin

Ute Ehrhardt wurde 1956 in Kassel geboren, sie besuchte das Abendgymnasium und studierte Psychologie. Seit 1976 ist sie als freiberufliche Dozentin für berufliche Weiterbildung tätig. Schwerpunkte: Kommunikation und Optimierung eigener Fähigkeiten. Seit 1984 führt sie mit ihrem Partner Wilhelm Johnen eine wirtschaftspsychologische Beratungsgesellschaft.
Ihr Buch »Gute Mädchen kommen in den Himmel, böse überall hin« steht seit über einem Jahr auf Platz 1 aller Bestsellerlisten. Es erscheint in den USA, Brasilien, Griechenland, Island, Ungarn, Tschechien, Japan, Spanien, den Niederlanden, Rumänien, Polen, Korea, Italien, Dänemark, der Türkei und der Slowakei – Ute Ehrhardt sprengt alle Grenzen.